YINGKE® 盈科

盈科全国业务指导委员会系列丛书

知识产权典型案例

律师策略与法律分析

盈科律师事务所 / 编
王承恩 / 主编

法律出版社 LAW PRESS · CHINA

序

因为历史,2021 年被赋予了很多特别的意义。

例如,盈科律师事务所成立 20 周年,从一家并不起眼的普通律师事务所,到去年发展成为“全球首家单体突破 10000 名执业律师的律师事务所”,创造了律师界发展的奇迹。

又如,全球知识产权人将迎来第 20 个“世界知识产权日”。世界知识产权组织(WIPO)自 2001 年起将每年的 4 月 26 日定为“世界知识产权日”,广泛宣传知识产权知识。20 年来,大家共同见证了知识产权在全球范围的接受和重视程度越来越高。

2021 年,是伟大的中国共产党 100 周年诞辰。在新时代背景下,党中央将加强知识产权保护的意义上升到前所未有的高度,不仅就知识产权保护工作顶层设计多次出台政策,还专门以加强我国知识产权保护工作为主题组织十九届中央政治局第二十五次集体学习。习近平总书记在学习时强调:“知识产权保护工作关系国家治理体系和治理能力现代化,关系高质量发展,关系人民生活幸福,关系国家对外开放大局,关系国家安全。”

盈科人一直奋战在知识产权保护的第一线,并作出了突出贡献,获得诸多荣誉。遗憾的是,大家习惯于埋头办理具体案件,并没有进行太多总结归纳。

2019 年 12 月 21 日晚上,到北京参加总所其他会议的部分盈科知识产权同事在汤学丽律师的召集下,齐聚位于国贸三期 B 座 58 层的办公区,畅聊知识产权话题。其间,汤学丽律师提议出版一本盈科知识产权人承办案件的书籍,得到与会同事的赞同。

承蒙盈科同事们的信任,我于 2020 年 5 月当选盈科律师事务所第四届全国知识产权法律专业委员会主任。之后,我将该案例集的出版作为重点工作来推进。

经过编委会将近一年的努力,我们从盈科人代理的成千上万个知识产权案件中筛选出来曾入选法院、检察院、司法部、国家知识产权局或律协典型案例的32个案件，包括中国知识产权历史上里程碑式的唯冠与苹果“IPAD”商标权属案等，均由承办律师如实呈现办案策略，深入剖析裁判结果，以期为知识产权权利人和律师同行提供参考。

感谢盈科总所、盈科知识产权法律专业委员会同事们、本书编委会全体成员，以及法律出版社的大力支持，本书才得以付梓。由于本人水平有限，不足之处亦在所难免，还望读者朋友予以指正。

历史已经成为过去，更重要的是展望未来。

改革开放的中国带给知识产权律师无限机会。以我所在的深圳为例，中共中央、国务院2019年2月印发的《粤港澳大湾区发展规划纲要》将这个培育出华为、中兴、大疆等明星企业的城市定位为：发挥作为经济特区、全国性经济中心城市和国家创新型城市的引领作用，加快建成现代化国际化城市，努力成为具有世界影响力的创新创意之都。可以预见，富有创新能力的深圳今后需要更多的知识产权保护服务，盈科律师事务所在深圳会有更多的机会。

我还坚信，随着越来越多涉外知识产权案件的涌现，盈科知识产权人不仅是中国知识产权律师中的翘楚，而且必将成长为赢得全球尊重的中国律师力量。

盈科律师事务所第四届全国知识产权法律专业委员会主任

王承恩

二〇二一年三月二十二日

目 录

CATALOG

所获荣誉 知产宝(IPHOUSE)、知产力与 IPR daily 2018～2019 年度中国知识产权诉讼代理机构专利民事榜代表案例。

唯冠与苹果 IPAD 商标权属之争

——中国知识产权历史上的里程碑案*

肖才元

所获荣誉

最高人民法院“2012 年中国法院 10 大知识产权案件”。

案情简介

2000 年，唯冠控股旗下的子公司分别在多个国家、地区注册了 10 个 iPad 商标，唯冠控股在深圳的子公司即唯冠科技（深圳）有限公司（本案被告，以下简称深圳唯冠或深圳唯冠公司），持有涉案两 iPad 商标（中国注册号分别为 1590557 和 1682310），唯冠控股在我国台湾地区的子公司即唯冠电子股份有限公司（以下简称台湾唯冠或台湾唯冠公司），则持有唯冠在其他国家 8 件 IPAD 商标权。2009 年原告 IP 申请发展有限公司（以下简称 IP 公司）与台湾唯冠达成协议，约定以 35000 英镑价格收购 10 个 iPad 商标。

苹果公司、IP 公司认为其已经“一揽子”购买了唯冠旗下 10 个 iPad 商标，遂诉至法院请求：（1）判令注册号第 1590557 号“IPAD”商标、注册号第 1682310 号“iPAD”商标专用权归原告所有；（2）判令被告赔偿原告因商标权属调查费、律师费所受损失人民币 400 万元；（3）本案诉讼费由被告承担。而深圳唯冠认为其与台湾唯冠是独立民事主体，转让协议对深圳唯冠不发生约束力。

深圳市中级人民法院一审判决于 2011 年 12 月初送达双方：驳回两原告（全部）诉讼请求。苹果公司不服一审判决，上诉至广东省高级人民法院。本

* 广东省深圳市中级人民法院（2010）深中法民三初字第 208、233 号民事判决书。

案二审于2012年2月29日开庭审理,60余家媒体记者获准旁听,广东省高级人民法院首次采用官方微博进行了庭审现场直播。2012年7月2日,广东省高级人民法院公布:双方调解结案,苹果向深圳唯冠支付6000万美元。

办案策略及律师工作

诉讼策略

本案苹果公司一方的部署为:

1. 在深圳市中级人民法院以商标权属案由起诉深圳唯冠并申请对涉案商标进行了财产保全。

2. 同时在我国香港高等法院对唯冠控股、台湾唯冠、深圳唯冠、唯冠光电及四企业的法定代表人杨某某提起了诉讼,主张深圳唯冠是因唯冠控股和台湾唯冠的利益而信托持有该两件商标,要求其继续履行《商标转让协议》义务。

3. 向国家商标局以连续3年不使用为由申请撤销唯冠IPAD商标(俗称"申请撤三")。

作为本案唯冠主办律师,肖律师确定了本案唯冠的三项策略

1. 商标权属纠纷案系双方博弈的主战场,积极应诉。

2. 唯冠主动反击,特别是选择苹果产品影响力微弱的城市,如广东省惠州市等地,启动了针对苹果iPad经销商的商标侵权诉讼,要求停止侵权,禁止销售iPad产品(不请求侵权赔偿)。

3. 恰当地运用媒体攻势,营造有利于唯冠的舆论氛围,该策略产生了积极效应:在商标权属案一审和商标侵权案一审分别获胜后,全国共90余家地市、区县工商局对当地苹果iPad产品开展了调查、查禁,部分地区iPad实际下柜,让苹果感受到了切身的商业打击。最终迫使苹果公司一方接受谈判并和解,给予深圳唯冠6000万美元的商标补偿费用。

工作成果展示:二审代理词(节选)

1. 苹果公司一方一直强调商标转让须由授权代表签署书面协议、电子邮件不具有约束力。[①]

---

① 特别说明:本代理词中对电子邮件内容的部分引用,仅用于从不同角度、不同深度对上诉人的主张进行驳击,并不表示对材料本身的认可。该类材料均没有本案被上诉人授权代表的参与,与我方无关,上诉人(原告)提交的电子邮件均不具有真实性、合法性、关联性。

(1)苹果公司一方从一开始就只认可书面协议的效力

以 IP 公司代表“Jonathan Hargreaves”发给 Tim 或袁某的邮件为例:

例如,2009 年 9 月 22 日 6:55 发给 Tim 的邮件:“我会在接下来几天内准备书面的文件并发给你。我收到通知,我们将需要一位经过授权能代表唯冠的人来签署书面协议和转让协议。你可以签署吗?或者其他哪位可以签署?烦请告知以便我们准备文件供其签署。”

(2)纠纷发生前双方均不认可电子邮件的效力

如上所述,苹果公司一方从一开始就是强调授权代表签署书面协议,从未承认电子邮件的效力。而袁某作为台湾唯冠公司的联系人,其邮件也一直保有提示语:“任何在本信件内容中的非官方意见、结论和其他资讯,不得视为代表唯冠或其子公司之立场或意见,除非有独立于此邮件之外的唯冠全权代表的另行证明。”而本案根本不存在“独立于此邮件之外的唯冠全权代表的另行证明”,因此,电子邮件不作为效力文件。

特别需要提及的是:苹果公司一方律师起草的协议草案及最终由 IP 公司与台湾唯冠公司签署的书面转让协议的最后一条(协议第 11 条)特别约定了:“本协议及本协议提及的一切文件构成双方之间关于本协议标的的全部协议并取代先前关于该标的草案、协议、承诺、陈述、保证及任何性质的书面或口头安排”。

2. 从一开始苹果公司一方起草修改的协议的交易主体就一直为台湾唯冠与 IP 公司,深圳唯冠与苹果公司一方不存在任何合同关系。

上诉人在本案中,对电子邮件进行了过滤筛选,将一些认为对其“不利”的邮件过滤掉。由于我方对这些邮件的真实性均不予认可,故为避免产生歧义,我方在一审也未将被苹果公司一方过滤掉的邮件在本案中引用。而即使从经苹果公司一方过滤加工后的电子邮件内容来看,其出让方也仅仅是台湾唯冠,而绝非我方——深圳唯冠。

往来邮件正文中,多以简称“唯冠”(proview)来指代交易出让方公司而出现公司全称处时,均无一例外的是唯冠电子股份有限公司(Proview Electronics Co.,Ltd)。

还需特别指出的是,由这些邮件清晰可见:协议及商标清单系由苹果公司一方律师起草——2009 年 10 月 23 日 Jonathan Hargreaves 发给袁某的邮件中:“程序非常简单……我会让我的律师准备书面协议和转让文件将 IPAD 的权益转给我公司。”

再从我方二审提交的三份邮件，可进一步说明：协议由苹果公司方律师起草，历次协议草案中，交易主体均为台湾唯冠、IP公司。

3. 所谓袁某、麦某、杨某某的多重身份，并没有对苹果公司一方产生任何的误导，邮箱更不是法律认可的授权表象，与交易主体的认定并不发生法律层面上的联系。深圳唯冠人员参与了全过程的说法，意在混淆法律关系。

关联公司人员代为办理具体事务，这是常有的事，一点都不奇怪。台湾唯冠与IP公司交易，台湾唯冠的工作联系具体由谁来担当，对交易没有影响。苹果公司一方明知袁某、麦某在深圳工作，并没有任何的疑问，只是按照法律的实质性要求，特别要求授权代表出具委托书，并且签约分别在伦敦、台北两地办理了合同公证手续，以表示双方意思表示的真实、合法、严谨。

本案需要关注的不是所谓谁全程参与的问题，而是要看交易一直都是以谁的名义发生的！这才是问题的实质、根本。

任何公司处置自己的资产，均有权安排自己的授权代表及相关联系人，这些人员的安排是由自己决定并以自己名义对外联系或办事。借用关联公司的员工代为处理事务，是十分常见的模式，无可厚非。本案中，袁某系深圳唯冠公司的一名专利工程师，因其英文水平较好，协助台湾唯冠公司麦某与IP公司进行交易中的关联安排——这是一种极其常见的做法。袁某从一开始就是使用的深圳唯冠公司的邮箱，并且不隐晦自己是深圳唯冠的员工，但双方均十分清晰的是，袁某是在以台湾唯冠公司的名义谈事。

麦某在本案中，是作为台湾唯冠公司法务部处长的身份体现的。在处理台湾唯冠与IP公司的商标转让事务中，因袁某的邮件多抄送给麦某，IP公司形成了一个强烈的印象：麦某负责台湾唯冠公司此商标转让项目，系袁某的老板。而且苹果公司一方也明知麦某的邮箱也是深圳唯冠公司的邮箱，麦某在深圳工作。

而苹果公司一方当时仍然严格依据世界通行的规则，不论对方具体人员的固定岗位是什么，是何人，只要提供有效的授权书即可。故要求明确麦某是否确已获得“唯冠电子股份公司的授权”。

麦某2009年12月23日出具了“唯冠电子股份有限公司的授权书”，并同时提供了其另一身份为深圳一家知识产权代理机构总经理的名片。

杨某某，确有多种兼职，但在本案中，唯一体现其身份的只有一处：唯冠电子股份有限公司给麦某授权书中负责人一栏,加盖有杨某某的印鉴。

苹果公司一方在本案中一直声称麦某为深圳唯冠公司法务处处长,这里暂且不论苹果公司一方所称缺乏证据,单就关联性而言,麦某是否有其他身份对苹果公司一方的意思表示都不构成影响,因其在本案中根本未以所谓深圳唯冠法务处长的身份行事,其是否系深圳唯冠法务处处长与本案并无任何关联性。杨某某的多重兼职,同样如此,对本次转让不产生任何影响。

任何纠纷的解决,应当以事发当时双方的意思表示为评判内容,不可事后去挖掘、"考证"一些与事发当时毫无关联的"其他身份";即使存在这些身份,也没有对当时双方的意思表示发生任何影响,与本案不具有关联性。如果硬称这些人的所谓"多重身份"与本案有关联,为何当初不与深圳唯冠签约呢?

苹果公司一方如今将其与台湾唯冠洽谈签约过程中,根本没有出现过的因素,硬扯进来,未免过于牵强附会,毫无逻辑可言。

4. 苹果公司一方所谓的"本案存在两个合同""集体交易合同""表见代理""间接代理(隐名代理)"等观点,纯属诡辩。

(1)IP 公司与深圳唯冠公司之间不存在商标转让协议,两转让合同之说不成立。

苹果公司一方声称:本案有两转让合同,一个是 IP 公司与深圳唯冠公司以电子邮件建立的转让合同,要约承诺已完成;另一个是合同系 IP 公司与台湾唯冠公司的书面合同。

此说荒唐!根据我国《合同法》第十四条,要约的内容必须具体明确。而整个电子邮件过程中,邮件内容、邮件所附协议草案、清单,无一例外地显示交易主体为 IP 公司与台湾唯冠公司。袁某邮件明确表示:电子邮件不具有效力;IP 公司邮件明确要求由授权代表签约方可。

如果硬说 IP 公司与深圳唯冠公司也存在另一合同,试问:IP 公同既然可以与台湾唯冠签订书面协议,为什么不可以就两中国商标与深圳唯冠签约呢?

不言而喻,IP 公司与深圳唯冠之间不存在商标转让协议。

不顾客观事实,将同一件事,硬性割裂为两个合同,只能归结为荒唐!

(2)集体交易之说荒唐。

上诉人集体交易的观点,在一审三次开庭,均未提及,相信是其后期代理词中出现的观点。上诉状及本次二审开庭,又作为上诉方的一项主要的观点。然而,此说法也根本不能成立。

民商事交易,最基本的要素之一为“合同主体”,合同主体独立承担民事责任。未经合同主体的授权,任何他人均不可越俎代庖。

集体交易,不是一个中国法律的规定,这是上诉人杜撰的词语。企业法人独立承担民事责任,这是中国法律的规定,也是世界通行的规则。

试问:签署的协议及此前的协议草案,何处存在一个“唯冠集团”?何处体现“集体交易”的约定?

(3)表见代理之说不成立。

表见代理首要问题是代表谁?这是表见代理最基本的表象。而本案交易双方均清楚:出让方就是台湾唯冠,故本案根本不存在表见代理。

被上诉人即深圳唯冠公司系中国公司,是按照中国法律运营的,重大事项应由公司董事会决策,并且当时由于深圳唯冠财务状况的特殊性,重大事项同步需知会债权银行团,而深圳唯冠董事会此前根本不知晓自己公司 IPAD 中国商标出让的任何意向,更未对此进行过任何讨论与决策。正因如此,深圳唯冠从未授权任何人转让涉案商标。

表见代理的特征是以谁的名义活动,其法律特征必须按照司法解释的规定判断。涉案商标的“交易”,台湾唯冠人员并没有以深圳公司的主体签约,如今苹果公司一方签约后再去刻意求证麦某、袁某是否具有其他身份毫无意义。这些人是否具有其他身份对于苹果公司一方当初交易没有产生任何影响,苹果公司一方当时一再强调的是授权行为是否有效。

该转让协议是在台北市签署的,苹果公司一方当时聘请台湾华人律师、台湾华人公证人到场,就是全面地审查这些行为的有效性即是否得到授权才是最核心的环节。

IP 公司当初如果是将深圳唯冠公司当成出让方,为何不直接要求与深圳公司另签一份协议,又为何不要求另行出具深圳唯冠的授权书呢?苹果公司一方事后挖空心思地“考证”,完全不符合逻辑。

(4)间接代理(隐名代理)不成立(略,请见本文第五点)。

5. 间接代理之说不成立、IP 公司与台湾唯冠之间的商标转让协议,对深圳唯冠不具有任何约束力。

上诉人在长达一年半的一审期间,从未提及过所谓的隐名代理之说,一审败诉后,苹果公司一方又突然冒出所谓的“间接代理(隐名代理)”的观点,实数诡辩。

本案苹果公司一方的诉讼请求能否成立,表见代理显然是本案的焦点之重——关于这一点,一审三次开庭,一审法庭均将其列为本案的第一焦点,原被告双方对于这一归纳,均表示认同。

诉讼也需要讲求最基本的诚信,苹果公司一方一审中从未提及过所谓的“间接代理(隐名代理)”之说,如今一审败诉,不顾客观事实,突发奇想,一拍脑袋,冒出一个“《合同法》第四百零二条规定的间接代理(隐名代理)”之说。

本案间接代理是不成立的,间接代理通常使用于委托人往往不愿意披露自己的信息(如金额巨大的珠宝、字画拍卖),或者在特定的业务模式中(如特定的外贸代理)。本案所涉商标转让,间接代理既无必要,也无可行性——这是苹果公司一方事前就明知的。

金额仅为 35000 英镑的转让,有何必要间接代理?况且,深圳唯冠公司的人员袁某被临时借用为台湾唯冠公司联系人,袁某的信息对苹果公司一方是公开的,原本是帮助台湾唯冠来衔接台湾唯冠公司的商标转让事宜,又有什么必要再由台湾唯冠间接代理深圳唯冠公司来处理深圳唯冠公司的商标?岂有如此的画蛇添足!

上诉人所称为了逃避深圳唯冠公司债权银行监管,所以由台湾唯冠代深圳唯冠签约,则纯属恶意中伤之说。

为了帮助深圳唯冠应对金融海啸,深圳唯冠公司请求 8 家债权银行的金融资助的同时,主动将经营活动接受银行的监管。深圳唯冠公司若进行资产处置,按程序是需由各业务部门包括财务部门研讨后,经董事会决策并必须知会债权银行的。深圳唯冠公司没有理由不按程序随意处置两 IPAD 商标的。深圳唯冠随意处置 IPAD 商标是不具有可操作性的。

而上诉人不顾客观实际,突然冒出一个所谓的为了逃避银行监管之说。试问如此中伤,证据何在?所称的逃避,只有当三方(苹果公司一方、台湾唯冠、深圳唯冠)恶意串通损害银行的利益时,才可能发生。我方深圳唯冠公司是绝无任何这方面的念头,试问:苹果公司一方是否是在说自己与他人恶意串通损害银行利益呢?

苹果公司一方所称的“间接代理”之说,其是否成立,依据证据规则,必须由其承担举证责任！试问：间接代理的证据何在？“间接代理(隐名代理)”可以实现交易的目的吗？商标注册转让，法律认同的是实名制，“间接代理(隐名代理)”能够得到商标行政主管机关的认同吗？商标出让方采取间接代理根本不具有任何可行性！商标转让必须签订书面协议，要办理过户登记手续，任何国家采用的都是实名制，不可能采用间接代理形式把深圳唯冠的商标由台湾唯冠转让给IP申请发展公司。

苹果一方这一观点的冒出，只能说明其理屈词穷。

鉴于间接代理根本不成立，IP公司与台湾唯冠公司签署的商标转让协议对深圳唯冠公司不具有任何约束力。

6. 第1590557号、第1682310号IPAD注册商标专用权一直归属于深圳唯冠，并且该商标权属从未发生任何改变(略)。

7. 纠纷实质：苹果一方与台湾唯冠公司之间的“乌龙合同”无法履行，其后果只能由苹果自己担当。

既然IP公司与台湾唯冠之间的商标转让合同对深圳唯冠不具有任何约束力，苹果一方应当如何主张权利呢？

错误地约定转让第三方深圳唯冠的商标，实质上应为苹果一方与台湾唯冠公同之间的责任之争。

究竟是谁的责任？责任若主要应由台湾唯冠承担，应承担何种责任呢？低级错误的发生，苹果一方的责任远大于台湾唯冠：

(1)苹果精心策划、大事应对；台湾唯冠35000英镑的交易，随意对待。

(2)苹果动用专业律师团队，台湾唯冠则非专业人员处理。

(3)苹果一方起草全部协议，主导整个转让过程，台湾唯冠被动配合。

例如，商标转让协议，台湾唯冠公司麦某于2009年12月23日在台北签署，而此前IP公司的董事Handn Wood早在2009年12月17日就已在伦敦签署并办理了公证。

涉及中国商标的转让登记申请，麦某于2009年12月23日签署，而IP公司的董事Handn Wood早在2009年12月9日就已在伦敦签署并办理了公证。

35000英镑的汇票是2009年12月23日由IP公司交付给台湾唯冠的，而早在2009年12月7日，就已由IP公司从巴克莱银行开出。

(4)苹果一方查询提供全部信息，台湾唯冠仅仅是核对验证。

(5)苹果错误在先,台湾唯冠没有及时发现。

因此,苹果公司一方由于自己所犯十分低级的错误,只能由其自己担当。

特别值得关注的是,苹果公司早在2009年10月22日,即其尚未与台湾唯冠公司书面转让协议签署日(2009年12月23日)之前,就已经委托北京英特普罗知识产权代理有限公司向中国商标局在第9类商品上申请注册"IPAD""iPad"商标(申请号:7775786、7775775)。因此,苹果公司一方早就委托中国代理机构检索查询相关商标权属并代为申请注册,对深圳唯冠公司的IPAD商标权属早就一清二楚。

苹果公司所犯低级错误,只能理解为弄巧成拙、咎由自取。

8.上诉人用我国香港法院材料来干扰内地法院的独立审判,实属无理。这些材料不具有真实性、合法性、关联性。

深圳唯冠公司与IP公司之间没有任何合同关系,更不存在协议管辖。而上诉人就深圳唯冠的两IPAD中国商标,同时在我国深圳、香港地区就同一件事起诉,并不时地以我国香港法院带有司法威慑力的一些资料搬用于内地法院,实属无理,故意挑起事端。

一会儿我国香港法院起诉,一会儿深圳市中级人民法院起诉;深圳法院原定2010年8月13日开庭,苹果公司一方又申请所谓的延期举证(而又置中国知识产权制度于不顾,公然侵犯我方注册商标专用权,于2010年9月在中国内地铺天盖地销售iPad平板电脑),竟将香港法院的传讯令状材料作为证据提交;申请深圳对我方两IPAD商标进行了财产保全,又要求香港法院发布禁止令:不得以商标权利人的名义出现。在内地法院的一审判决败诉后,又到我国香港法院折腾,调取所谓的证据,并作为香港法院"命令"的附件出现,赋予香港法院的司法证明力,企图给内地法院独立审判施压。苹果公司一方此举,貌似针对被上诉人,然实质损害的是内地的司法独立性。

苹果一方在二审期间,从我国香港高等法院调出所谓证据——深圳唯冠的"签呈表"(内部请示报告)以及所谓证人证言,用作本案的新证据提交,企图说明:深圳唯冠是同意转让其名下的两涉案IPAD商标给IP公司,即出让该两商标是深圳唯冠的真实意思表示。

我方质证意见为,这些材料均不具有合法性、不具有真实性,更不具有任何关联性。

我国香港的诉讼制度与内地诉讼制度全然不同，两者证据体系不同，自由心证制度与客观证据制度不可随意混搭在一起。同一份材料，两地法院诉讼也会有完全不同的解读，诉讼周期、证据的解释与补救都不同，哪些是必须提供的，哪些不是必须提交的，与香港与内地的制度根本不同。然苹果公司一方凭借自己的能量，单方拿香港证据直接到内地法院使用，对手深圳唯冠在香港高等法院却没有此能量，这根本违背了当事人的诉讼权利对等保护的诉讼规则。将香港法院获取的材料（并不是香港法院生效的法律文书），作为证据向内地法院提交，没有任何法律依据。

所谓卢某某证人誓言或其他唯冠控股向我国香港高等法院提交的材料，均不能等同于本案被上诉人提交的，均不具有真实性。唯冠控股与被上诉人深圳唯冠是两个独立的企业法人。唯冠控股提交的材料不代表我方意见。我方目前为止，也未收到司法协助途径转送的香港法院相关文件，更没有在香港法院应诉——深圳唯冠已经在内地法院参与诉讼，没有任何理由就同一件事又去香港法院应诉。

唯冠控股与卢某某的材料不可以直接搬用。我国内地也没有这种证人誓言制度，我们没有必要去评判这种制度的利弊，但作为证据，必须符合我国内地的证据规则，必须重新按照内地的民事法律诉讼制度来质证：首先，唯冠控股与卢某某不是本案当事人，“证据”类别不属于当事人陈述；其次，若将其作为证人证言，则因其未出庭接受质证，而不具有效力；最后，所谓的附件材料，如“审批表”“内部邮件”等，均无原件核对，也未对其原始邮箱中的邮件进行公证，故根本不具有真实性。

任何内部文件，未向对方提供时，均不构成对外的意思表示。只有意思表示方对双方权利义务产生影响。而意思表示，顾名思义，必须由“内心意思 + 对外表示”这两个要素构成。而本案苹果公司一方时隔两年后拿出来的“材料”，且不提具不具有真实性与合法性，单就关联性，根本不具有。深圳唯冠客观上根本不存在的“内部审批”“内部邮件”对苹果公司一方当时的商标购买交易并没有任何影响，因此，此类材料与本案纠纷没有任何关联性。

9. 苹果公司一方所谓的价值论及商标若不确权给苹果将损害消费者权益之说，根本不成立，实为挟持消费者来挑战中国法律。

苹果公司一方在本案二审中，提出了一个极其无理的观点，认为 IPAD 的巨大价值来源于苹果，是苹果创造的，认为 IPAD 商标已被众多的消费者所识别，已经成为苹果极具价值的资产，不将 IPAD 确权给苹果公司一方，将是极其不公平并损害消费者权益的。

苹果公司一方此说，实为霸王观点：首先，商品价值的承认，需要标识使用的合法化。只有合法，才能存在，才有价值可言。我方深圳唯冠的 IPAD 商标，我方是专用权人，未经许可，任何他人都无权使用；反之就是违法，就是侵权。岂有苹果毫无顾忌地违法使用，违法越严重，就可以合法化之理？

其次，任何企业在中国市场赚钱，必须遵守中国市场的游戏规则，必须尊重他人的知识产权。而苹果公司一方在明知深圳唯冠公司商标权属清晰并且没有发生任何变化的情况下，仍不加理睬，强行在中国市场上使用我方的注册商标。苹果一方所称的 IPAD 商标已被众多消费者认定为苹果的商标，正是反向混淆的典型特征，构成了对我方注册商标专用权的侵犯。按照苹果公司一方的说法推论，凭借苹果公司的实力，只要苹果公司侵权形成一段时间，都有可能掩盖任何一家企业的注册商标的影响力，都会形成消费者的误认，岂不是任何他人的知识产权都可以被苹果公司一方肆意使用？

遏制苹果的侵权，却被苹果说成损害消费者的权益！按此荒唐逻辑，山寨版产品价格远低于苹果公司授权产品，苹果公司若打击山寨版产品，岂不也可说成损害消费者的权益！

苹果公司拿着我国香港法院的禁令，不许深圳唯冠公司声称自己是两 IPAD 商标的权利人，却大举使用与深圳唯冠公司相同的商标标识，在中国内地市场上长驱直入，如此侵权，长达一年半有余，其侵权行径已远远超出了个案，实为对中国不断完善的知识产权制度的公然践踏！

裁判要旨及结果

法院认为：本案为商标权权属纠纷。案件的焦点在于争议的合同对被告有无约束力，表见代理能否成立。

一、本案争议的合同对被告无约束力

唯冠电子股份有限公司与 IP 申请发展有限公司之间签订的协议，该协议的标的虽列明了第 1590557 号、第 1682310 号两个涉案商标，但不必然对被告具有约束力。原告如果想购买被告的商标，应当按照中华人民共和国的相关法律规定,与被告签订转让合同,并办理商标转让手续。而本案所涉商标转让协议是唯冠电子股份有限公司与IP申请发展有限公司之间签订的协议,并非原告与被告之间订立。没有证据证明hui yuan对应于哪个自然人,即使hui yuan对应的自然人系被告公司的职员,其与原告谈判,或者其他处分商标的行为,也应得到被告公司的授权,但是原告没有提交任何被告授权他人处分商标的证据。涉案商标是被告公司的财产,处分该商标也应当符合公司法的规定,杨某某虽是被告的法定代表人,但也无权随意处分公司的财产,况且本案杨某某是以唯冠电子股份有限公司的法定代表人身份出现,授权书的内容及签名盖章均是唯冠电子股份有限公司,与被告没有关联性。

二、表见代理能否成立的问题

法院认为,本案涉及的商标转让合同不是被告与原告订立,而是唯冠电子股份有限公司与原告IP公司订立,该合同有明确的相对人。被告也没有任何书面的委托或者授权唯冠电子股份有限公司以及麦某某,与原告IP公司进行谈判或者订立合同转让商标,原告IP公司没有理由相信麦某某对被告有代理权。关于原告主张杨某某同为被告和唯冠电子股份有限公司法定代表人,这并不代表杨某某在授权给麦某某时履行被告法定代表人的职责。关于麦某某的身份问题,原告提交的证据是《南方都市报》的报道,被告不确认该报道的真实性。关于电子邮件的问题,原告IP公司的职员开始与英国的唯冠联系,后来转到中国的被告电子邮箱交涉,具体是一个名字为hui yuan的人收发邮件使用被告公司的电子邮箱,没有麦某某收发邮件的证据,更没有证据证明hui yuan可以代表被告与原告进行商标转让谈判。电子邮件谈判协议内容与书面合同内容一致,不能证明表见代理成立。另外,原告认为涉案转让商标协议属于集体转让交易,理由不成立。因为,谈判过程不是所有单位参与,而被告与海外的唯冠公司又是不同的独立法人单位。

深圳市中级人民法院一审判决于2011年12月初送达双方:驳回两原告(全部)诉讼请求。

苹果公司一方不服一审判决,上诉至广东省高级人民法院。二审于2012年2月29日开庭审理,60余家媒体记者获准旁听,广东省高级人民法院首次采用官方微博进行了庭审现场直播。广东省高级人民法院2012年7月2日宣布:双方调解结案,苹果公司向深圳唯冠支付6000万美元。

律师评析

(一)典型意义

苹果公司 iPad 产品是一款在市场上广受欢迎的产品,获得该商标对其来讲意义重大。而该案纠纷发生时,深圳唯冠公司濒临破产,涉及债权人多达数百人,最大的财产估值集中在 iPad 商标上。对双方来讲,调解是其解决纠纷的最佳方式。法院从这一基础出发,最终促成双方调解。该案的成功调解彻底解决双方在美国、中国香港以及中国内地的一系列纷争,向国际社会展现了我国日益成熟的知识产权制度和司法保护状况,受到多家国内外媒体的正面评价。①

本案无愧为中国知识产权历史上的里程碑案件:(1)以6000万美元调解结案,其金额之高堪称历史之最,在中国知识产权司法审判中史无前例;(2)在涉外知识产权诉讼中,改变了中国企业总是被动挨打的局面,极为正面地提升了中国企业的形象;(3)引起了全球性的关注,国际各类媒体追踪报道,更是空前的,堪称2011~2012年的全球知识产权大案;(4)此案引起的社会热议,也是前所未有的,极大地激发了中国企业与公民的知识产权法律意识。

本案唯冠公司与苹果双方公司的律师团队均表现出了极高的专业素质,正如广东高院官方微博之述:"双方都聘请了国内较为知名的律师出庭"。

这场诉讼带来的启示,也正如笔者所言"商战无关道德""机遇来源于对手的失误"。在知识产权诉讼特别是涉外诉讼中,代理律师必须克服传统狭隘的道德观念,克服心理压力,最大限度地运用诉讼游戏规则,在诉讼中需有宏观大局观念,才能更好地维护中国企业的权益及社会形象。

这场诉讼对于企业和社会,更是一场生动的知识产权课程,有人戏称:"6000万美元,相当于3.8亿元人民币,IPAD四个字母,也就是1个字母接近1亿元,如此高昂的支付金额在国内知识产权业内是史无前例的",这无疑地给国内大大小小的企业都敲响了警钟。一方面,警示促进企业主动维护商标、重视知识产权的巨大利益。另一方面,苹果公司试图通过影子公司(IP公司)低价收购商标,但百密而一疏的惨重教训,也提示了即使是超大企业如苹果公司这样拥有庞大法律顾问和知识产权团队的跨国巨无霸,也可能在知识产权领域疏忽犯错,这应成为中国企业的反面教材。作为全世界市值排名靠前的公司,苹果公司的经历应当为企业所警示:在知识产权领域,无论体量多大,都没有法律豁免权。

---

① 以上"典型意义"部分的内容,来自法办〔2013〕44号最高人民法院办公厅印发《2012年中国法院知识产权司法保护10大案件、10大创新性案件和50件典型案例的通知》。

（二）法律评析

表见代理首要问题是代表谁？这是表见代理最基本的表象。表见代理的特征是以谁的名义活动，这就必须按照司法解释的规定进行判断。

《最高人民法院关于当前形势下审理民商事合同纠纷案件若干问题的指导意见》（法发〔2009〕40号）之规定第13条、第14条对如何认定表见代理加以了明确规定："合同法第四十九条规定的表见代理制度不仅要求代理人的无权代理行为在客观上形成具有代理权的表象，而且要求相对人在主观上善意且无过失地相信行为人有代理权。合同相对人主张构成表见代理的，应当承担举证责任，不仅应当举证证明代理行为存在诸如合同书、公章、印鉴等有权代理的客观表象形式要素，而且应当证明其善意且无过失地相信行为人具有代理权。

人民法院在判断合同相对人主观上是否属于善意且无过失时，应当结合合同缔结与履行过程中的各种因素综合判断合同相对人是否尽到合理注意义务，此外还要考虑合同的缔结时间、以谁的名义签字、是否盖有相关印章及印章真伪、标的物的交付方式与地点、购买的材料、租赁的器材、所借款项的用途、建筑单位是否知道项目经理的行为、是否参与合同履行等各种因素，作出综合分析判断。"

而具体到本案，涉案商标的"交易"，台湾唯冠公司人员并没有以深圳公司的主体签约，苹果公司乙方签约后可以求证麦某、袁某是否具有其他身份毫无意义。这些人是否具有其他身份对于苹果公司一方当初交易没有产生任何影响。转让协议是在台北市签署的，苹果公司一方当时聘请我国台湾地区华人律师、公证人到场，就是全面审查授权等行为的有效性。而麦某是以台湾唯冠的名义签约、出示的是台湾唯冠的授权书、收款人系台湾唯冠公司。代理的任何一项客观表象形式要素，均指向台湾唯冠，而与被上诉人深圳唯冠无关。表见代理成立的要件在于"相对人在不知道行为人无代理权方面不存在疏忽或懈怠并为此承担举证责任"，本案中，交易双方清楚：出让方就是台湾唯冠，"相对人"IP申请发展有限公司的过失显而易见，因此，表见代理依法根本不能成立。

律师简介

肖才元律师，武汉大学理学学士、法律硕士，现任深圳市福田区人大代表，盈科全球合伙人，盈科中国区董事会副主任，北京市盈科（深圳）律师事务所管委会主任，盈科（深圳）争议解决中心主任。

肖律师擅长并专注于民商事（包括但不限于土地纠纷、投融资纠纷、知识产权）领域及行政诉讼疑难案件的争议解决，擅长诉讼方案的策划与诉讼技巧的运用，重大诉讼及疑难商事争议和/或民商行政交叉争议解决之完整方案的提供，其缜密进取的诉讼风格极为典型。其引人注目的成就,赢得了业内和社会的高度赞誉,曾荣获“ALB 2016 中国十五佳诉讼律师”奖;2014 年、2015 年、2016 年、2017 年、2018 年、2019 年、2020 年、2021 年连续八年,被全球著名的法律评级机构钱伯斯(Chambers & Partner)评为公司及商事法律领域的“领先律师”。

全民关注的“非诚勿扰”商标侵权案

——金某某与江苏省广播电视总台、深圳市珍爱网信息技术有限公司侵害商标权纠纷案*

肖才元　王承恩

所获荣誉

最高人民法院“2016 年中国法院十大知识产权案件”。

案情简介

金某某于 2009 年 2 月 16 日向国家工商行政管理总局商标局(以下简称商标局)申请注册“非诚勿扰”商标。2010 年 6 月 6 日,商标局发布了包括“非诚勿扰”商标在内的商标初步审定公告。2010 年 9 月 7 日,金某某获得第 7199523 号“非诚勿扰”商标注册证,有效期自 2010 年 9 月 7 日至 2020 年 9 月 6 日,核定服务项目为第 45 类,包括“交友服务、婚姻介绍所”等。

江苏省广播电视总台(以下简称江苏电视台)旗下的江苏卫视于 2010 年开办了名称为《非诚勿扰》的电视节目,于 2010 年 1 月 15 日起每周末在江苏卫视首播。

深圳市珍爱网信息技术有限公司(以下简称珍爱网公司)与江苏卫视《非诚勿扰》栏目合作举行多次活动,例如珍爱网公司从会员中筛选并推荐给《非诚勿扰》栏目组,又如江苏卫视《非诚勿扰》等三大王牌节目在深圳现场招募嘉宾,活动时间为 2012 年 6 月 9 日,报名地点设在深圳市南山区,该活动由江苏卫视和珍爱网公司联合主办。

金某某于 2013 年向法院起诉江苏电视台和珍爱网公司,请求江苏电视台

---

* 广东省高级人民法院(2016)粤民再 447 号民事判决书。

所属的江苏卫视频道立即停止使用"非诚勿扰"栏目名称;珍爱网公司立即停止使用"非诚勿扰"名称进行广告推销、报名筛选、后续服务等共同侵权行为。

办案策略及律师工作

本案及其关联案件涉及商标法中的诸多基础性问题,例如涉案"非诚勿扰"商标是否具有显著性?如何认定商标的实际使用证据?如何判定构成近似商标?如何判定构成相同或类似商品(服务)?

承办律师团队对于本案及其关联案件进行通盘筹划,而且投入大量时间对商标侵权认定所涉问题进行理论研究和证据准备。

限于篇幅,仅以承办律师团队如何证明江苏电视台提供了婚介交友的真实服务为例予以说明。

(一)节目性质

报名入选《非诚勿扰》嘉宾和未入选的单身男女以及有交友求偶潜在需求的观众,即有婚介交友需求的单身男女,是可以实实在在接受该交友婚介服务的、通过这个渠道实现其婚恋目的的。每一次,江苏电视台都联合婚介机构,突出使用"非诚勿扰"醒目的标识,进行报名海选。而通过珍爱网公司等渠道报名的人员,都必须注册为会员,成为婚介公司的服务对象。而每次现场报名的人数,都在数百至上千人。江苏电视台的嘉宾报名招募活动,本身就是全国范围内的婚介交友服务活动的重要环节。

(二)江苏电视台自述其提供婚恋交友平台服务

1. 江苏电视台官方介绍——《非诚勿扰》节目简介:《非诚勿扰》是一档适应现代生活节奏的大型婚恋交友节目,我们将为您提供公开的婚恋交友平台、高质量的婚恋交友嘉宾,全新的婚恋交友模式。

2.《非诚勿扰》节目结束语为:"观众朋友如果想了解24位女嘉宾的个人资料和联系方式,可以拿起手机编辑短信81168加女嘉宾编号发送到1066666620或者登录步步高vivo智能手机非诚勿扰的官方网站,给她们留言,想要征婚、相亲、交友的朋友,可以通过珍爱网或百合网、新浪微博或通过现场报名点报名,来到《非诚勿扰》舞台,在这里追求你们的幸福。节目最后感谢……"

3. 江苏电视台《非诚勿扰》官方网站上的"新闻资讯",每一篇报道(正文与题目)都是围绕相亲婚配的。例如,江苏电视台网站2013年1月10日的新闻资讯:《非诚》"爱转角"成2013年相亲节目"热词";又如,江苏电视台2012年12月6日新闻资讯:《非诚勿扰》"爆灯"开启相亲新模式……"爆灯"成就恋爱新法则:没有嫁不出去的姑娘,只有不爆灯的女生……增加"爆灯"环节后,牵手成功率明显提升。仅10月27日一期节目,全场就有四次爆灯,其中三对成功牵手。前四期升级版节目八次爆灯牵手五对,成功率高达62.5%。

4. 由"非诚勿扰"官方网站点击链接"珍爱网报名",显示:"江苏卫视《非诚勿扰》节目逢每周六、日黄金档强势推出。节目中,每场将有24位的单身女性和5位单身男性得到展示自我的机会。每位征婚者将有更多的机会被观众认识,从而也将获得更多的选择机会。"

5. "《非诚勿扰》嘉宾协议"明确节目的目的是婚恋

江苏电视台本次申请再审,补充提交了一份其与中选嘉宾签署的"《非诚勿扰》嘉宾协议"。

这份嘉宾协议开宗明义,明确载明:"第一条:《非诚勿扰》是江苏省广播电视总台打造的一档以婚恋为目的的大型交友节目,甲方作为嘉宾自愿参与节目。"

(三)栏目报名渠道、合作伙伴、婚介机构的介绍说明

1. 点击江苏电视台《非诚勿扰》官网报名:显示出的页面是"交友网站"。

《非诚勿扰》嘉宾报名渠道:除了"非诚勿扰官网报名"之外,就是通过三大婚介机构报名:"百合网报名""珍爱网报名""世纪佳缘报名"。

《非诚勿扰》节目的合作伙伴清一色全部是婚介机构,而且通过这些婚介机构报名参加《非诚勿扰》,其前置条件是,必须注册为该婚介机构的会员,成为婚介机构的服务对象。

2. 珍爱网公司网站显示:

"江苏卫视《非诚勿扰》火热招募男女嘉宾",节目介绍:"江苏卫视《非诚勿扰》节目逢每周六、日黄金档强势推出,每场将有24位的单身女性和5位单身男性得到展示自我的机会,每位征婚者将有更多的机会被观众认识,从而也将获得更多的选择机会"。

珍爱网公司网站"活动专区"显示——珍爱网婚介相亲活动的分类为:"最新活动、线下相亲、电视相亲"活动等,而"非诚勿扰"嘉宾招募排在珍爱网的(合作)电视相亲节目的首位,如图1所示。

图 1

（四）官方媒体与电视同行对婚恋节目的认识就是“电视红娘”

新华网官方曾于2010年6月22日发表文章《“电视红娘”：如何牵红线而不踩“红线”？》，该文“核心提示：近日，国家广电总局下发两份文件，要求对近期火爆屏幕相亲类电视节目进行整改。《人民日报》2010年6月22日发表文章，点名批评江苏卫视《非诚勿扰》。

湖南卫视副总编辑、新闻发言人李浩认为，相亲节目不是选秀，更不是炒作红人，节目为适婚男女青年提供相识和交往机会，体现了电视媒体的引导功能和服务功能，只有坚持走真实交友的路线，才能吸引观众……李浩说，相亲节目应该把握住社会主流价值观，可以适当增加娱乐性和趣味性，比如加强节奏，增加互动，但这仅仅是手段，服务性才是根本”。刘蕾（湖南卫视《我们约会吧》制片人）说：“当下剩男剩女成为人数最为庞大、需求最为强烈的交友群类，而电视媒体的快速、大面积传播的特点会让这种需求很容易得到满足，真实交友需求就是节目的生命力。”

（五）相关主管部门的记载

1.《广电总局关于规范婚恋交友类电视节目的管理通知》明确：《非诚勿扰》系婚恋交友节目，“这些节目为适龄男女青年提供了相识和交往机会”。

2. 江苏电视台提交的补充证据《广电总局关于部分电视台情感故事类、婚恋交友节目整改情况的通报》载明：“进一步强化婚恋交友节目的服务性……6月份以来，‘《非诚勿扰》……以“真实、真诚、健康、有强烈相亲欲望”为嘉宾选择第一标准’。”

（六）由江苏电视台此前的异议来看，服务相同或实质相同

江苏电视台在金某某后续于2012年4月10日提出申请注册第10743720号“非诚勿扰”商标时，提出了异议，认为与江苏电视台“非诚勿扰”标识文字相同、服务类似，容易导致混淆，商标局为此做出了“关于《第10743720号‘非诚勿扰’商标不予注册的决定》”。

（七）节目内外互动行为，说明江苏电视台提供婚介信息有偿服务、婚介交友服务

1. 手机短信公证：江苏电视台《非诚勿扰》电视相亲节目，进行婚介交友有偿信息服务：向场外电视机前的消费者提供婚姻介绍有偿信息服务，提供嘉宾个人信息、择偶信息及邮箱联系方式，每提供一位《非诚勿扰》女嘉宾的姓名、年龄、所处省市、择友要求，收费一元；想知道其邮箱，再付一元，合计两元。

上述费用纯属有偿信息费，不含通信费。通信费另由中国移动或联通、电信照常收取。（如图2所示）

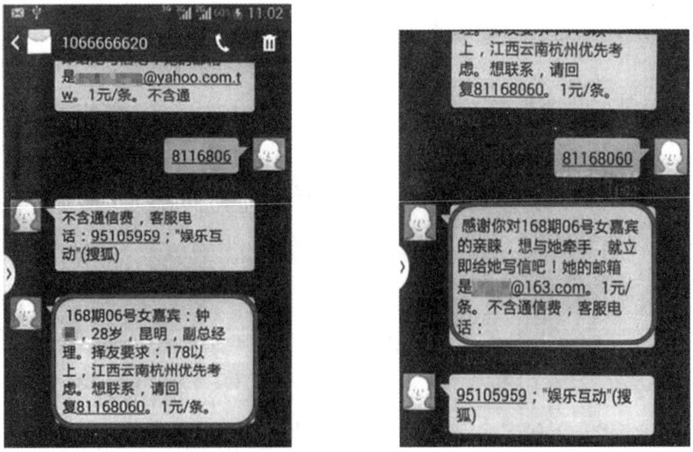

图2

2. 微信摇一摇提供婚介交友信息服务。当二审庭审查明“非诚勿扰”提供手机短信婚介信息有偿服务后，江苏电视台为有利于诉讼，停止了该项收费服务，取而代之的是“微信摇一摇”。（如图3所示）

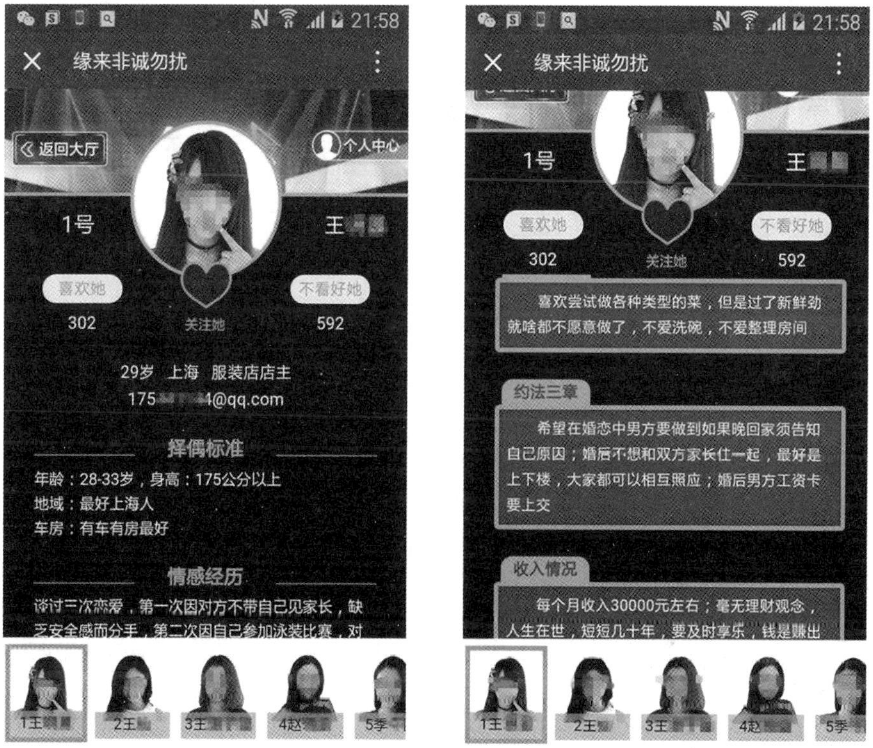

图3

每期节目都提醒观众摇一摇，每期提醒三次。该摇一摇的内容，纯属个人婚介信息。

3. 嘉宾个人基本信息长期保留在官方网站上，进行公开的征婚。如图4所示。

图 4　江苏电视台官网长期保留嘉宾个人信息

（八）“非诚勿扰”节目延伸服务——线下婚介交友活动

江苏电视台还在苏州、兰州、承德、武汉等 50 个大城市进行线下相亲活动，在当地的大商场公开举行，均突出使用了“非诚勿扰”节目名称标识。如图 5、图 6、图 7 所示。

图 5　承德线下相亲活动

2015.10.26 星期一 责编 耿毅 美编 罗泉 A15

互动 楚动

图为活动现场

有穿着婚纱相亲的女神 也有带着脱口秀面试的男神

《非诚勿扰》嘉宾海选嗨翻江城

口本版统筹／楚天都市报记者 刘春燕 稿件采写／楚天都市报记者 黄珍 谢玲 摄影／楚天都市报记者 魏铼

没错，就是孟非主持的《非诚勿扰》来了！24、25日，“楚天之恋·非诚勿扰爱情地图”嘉宾海选活动，在武汉奥山世纪广场激情上演。5000余市民挤爆现场，200余名武汉本土的报名嘉宾，跟《非诚勿扰》来了一次亲密接触。

本次活动，由楚天都市报联手江苏卫视重磅打造。周六周日两天，高学历、高颜值、高收入的男女嘉宾，有海归背景的单身青年，源源不断涌进奥山世纪广场，接受《非诚勿扰》节目组的面试。他们大多有备而来，精心装扮的同时，还带来各具特色的才艺展示。节目组编导感慨：“都说武汉才子佳人多，此言不虚！”

现场市民同样被美轮美奂的表演和高潮迭起的相亲游戏、有奖竞猜深深吸引。省老年大学艺术团的模特秀、踢踏舞，武汉音乐学院的街舞串烧，武汉体育学院的婚纱秀（如下图），惊艳观众；省卫计委宣教中心的健康知识有奖竞猜，嗨翻全场。周日下午的相亲交友活动，更是引来上百位单身男女热情参与。

全国婚礼主持人大赛全国银奖、湖北赛区金奖获得者张锐，以及他所创立的中国声行天下主持人团队，为本次活动奉献了妙语连珠的精彩主持。

11月11日，楚天之恋联合奥山世纪广场将在奥山世纪广场外广场举办“有机可乘”脱单派对，邀请所有报名《非诚勿扰》的嘉宾前来参与，也欢迎广大单身男女报名参加。

图 6　武汉线下相亲活动

图 7　兰州线下相亲活动

（九）合作伙伴使用“非诚勿扰”直接进行婚介交友现场活动

例如，江苏电视台《非诚勿扰》合作伙伴珍爱网公司使用“非诚勿扰”直接进行婚介交友现场活动。珍爱网公司以“非诚勿扰”为醒目的标识，于2012年3月11日在东莞进行婚姻介绍的大型活动“单身男女相亲会报名征集中”。

裁判要旨及结果

一审法院认为案件的主要争议焦点在于江苏电视台、珍爱网公司是否侵犯金某某的注册商标专用权。

首先，江苏电视台使用“非诚勿扰”是商标性使用。“非诚勿扰”既是江苏电视台电视节目的名称，也是一种服务商标。如果仅仅将“非诚勿扰”定性为节目名称，而不承认其具有标识服务来源的功能，与大量节目名称注册为商标（包括江苏电视台也将电视节目名称注册为商标）的客观事实不相符，也与江苏电视台在该电视节目中反复突出使用“非诚勿扰”并且进行广告招商等客观事实不相符。

其次，金某某的文字商标“非诚勿扰”与江苏电视台电视节目的名称“非诚勿扰”是相同的。因此，两者的商标是相同的。关键在于两者对应的商品是否属于同类商品。

金某某涉案注册商标“非诚勿扰”所对应的商品（服务）系“交友服务、婚姻介绍”，即第45类；而江苏电视台的商标“非诚勿扰”所对应的商品（服务）系“电视节目”，即第41类；而且，从服务的目的、内容、方式、对象等方面综合考察，江苏电视台的“非诚勿扰”电视节目虽然与婚恋交友有关，但终究是电视节目，相关公众一般认为两者不存在特定联系，不容易造成公众混淆，两者属于不同类商品（服务），不构成侵权。

综上，一审法院经该院审判委员会讨论决定，于2014年9月29日作出（2013）深南法知民初字第208号民事判决书，驳回金某某的全部诉讼请求。

金某某不服一审判决，提起上诉。二审法院认定事实与一审法院认定的事实一致。

二审法院认为，金某某经国家商标行政管理部门核准，依法取得第7199523号“非诚勿扰”注册商标专用权，该商标处于法律规定的保护期之内，依法应受到法律的保护。第7199523号“非诚勿扰”注册商标核定服务项目为第45类，包括“交友服务、婚姻介绍所”等。一审法院认定江苏电视台电视节目的名称“非诚勿扰”与金某某的文字商标“非诚勿扰”相同,江苏电视台使用“非诚勿扰”为商标性使用。各方当事人均无异议,二审法院不再赘述。

本案的关键问题在于江苏电视台使用《非诚勿扰》电视节目与金某某第7199523号“非诚勿扰”注册商标核定服务类别是否相同或者类似,江苏电视台与珍爱网公司是否构成共同侵权。

关于两者是否属于相同或者类似服务问题。金某某“非诚勿扰”核定服务项目为第45类,包括“交友服务、婚姻介绍所”等。江苏卫视《非诚勿扰》节目简介为:“《非诚勿扰》是一档适应现代生活节奏的大型婚恋交友节目,我们将为您提供公开的婚恋交友平台、高质量的婚恋交友嘉宾,全新的婚恋交友模式”。《非诚勿扰》栏目主持人开场白为:“如果想要渴望结婚成家的那些人来说,我宽慰他们几句,没事宅在家里看《非诚勿扰》,跟《非诚勿扰》有关的事,都促进你们的婚姻。一句话,关注《非诚勿扰》,对你结束单身生活,是有帮助的”。结束语为:“观众朋友如果想了解24位女嘉宾的个人资料和联系方式,可以拿起手机编辑短信81168加女嘉宾编号发送到1066666620或者登录步步高vivo智能手机非诚勿扰的官方网站,给他们留言。想要征婚、相亲、交友的朋友,可以通过珍爱网或百合网、新浪微博或通过现场报名点报名,来到《非诚勿扰》舞台,在这里追求你们的幸福”。参加《非诚勿扰》的报名条件为达到婚龄的未婚男女,节目中男女嘉宾的自我介绍、兴趣爱好表述、问题的提问及回答、嘉宾的互动,都是为了交友、相亲择偶,节目结束时也有当场达成配对意向或者成果的情况,节目之后嘉宾之间还进行进一步交往(谈恋爱)。江苏电视台在网站上称,为了给更多的女生制造机会,“爱转角”的24个席位除了牵手成功后的自然替换外,还将半个月进行一次整体更换,让相信缘分的单身男女们“有缘千里来相会”。另外,广电总局2010年16号文、新闻网发表的官方文章《“电视红娘”:如何牵红线而不踩“红线”?》,均印证了江苏电视台的《非诚勿扰》为相亲、交友节目。所以,江苏电视台的《非诚勿扰》节目,从服务的目的、内容、方式、对象等判定,均是提供征婚、相亲、交友的服务,与金某某第7199523号“非诚勿扰”商标注册证上核定的服务项目“交友、婚姻介绍”相同。

本案金某某第7199523号“非诚勿扰”注册商标已投入商业使用,被诉行为影响了该商标的正常使用,使之难以正常发挥应有的作用。由于江苏电视台的知名度及节目的宣传,相关公众容易对权利人的注册商标使用与江苏电视台产生错误认识及联系,造成反向混淆。江苏电视台通过江苏卫视播出《非诚勿扰》,收取大量广告费用,也在节目后期通过收取短信费获利,足以证明系以营利为目的的商业使用,其行为构成侵权。在判定本案江苏电视台是否构成侵害商标权时,不能只考虑《非诚勿扰》在电视上播出的形式,更应当考虑该电视节目的内容和目的等,客观判定两者服务类别是否相同或者近似。一审法院认为"江苏电视台的《非诚勿扰》电视节目虽然与婚恋交友有关,但终究是电视节目,相关公众一般认为两者不存在特定联系,不容易造成公众混淆,两者属于不同类商品/服务,不构成侵权"的认定错误。金某某指控江苏电视台在《非诚勿扰》节目中使用"非诚勿扰"商标行为侵害其商标权,证据充分。

关于江苏电视台与珍爱网公司是否构成共同侵权问题。本案侵害金某某商标权的《非诚勿扰》节目由江苏电视台下属的江苏卫视负责筹划、播出、宣传等,珍爱网公司参与了节目嘉宾的招募,以及举办"非常有爱非诚勿扰——珍爱网单身男女寻缘派对"活动,也在其网站上进行宣传等,声称"江苏卫视和珍爱网联合主办"。就江苏卫视的《非诚勿扰》节目问题,江苏电视台与珍爱网公司还签订有《合作协议书》。上述事实证明江苏电视台和珍爱网公司共同实施了侵权行为,构成共同侵权。至于江苏电视台抗辩其《非诚勿扰》节目内容系长江龙公司拥有版权的作品,责任人应当为长江龙公司。二审法院认为,长江龙公司系江苏电视台下属单位,此为江苏电视台对其下属的分工问题,本案并非著作权侵权纠纷,而是商标权侵权纠纷,侵害商标权的主体应当为江苏电视台。因此,江苏电视台的该抗辩理由不成立,二审法院不予采纳。关于珍爱网公司抗辩其已经尽到合理注意义务,使用"非诚勿扰"只是指明来源问题。二审法院认为,珍爱网公司与江苏电视台就实施本案侵权行为是合作关系,珍爱网公司也实际参与了侵权行为的实施,并不是间接侵权,也不是转播关系,审查义务不适用于其行为,珍爱网公司也不是在使用江苏电视台的节目进行说明来源,故珍爱网公司的抗辩理由不成立。

综上,二审法院于 2015 年 12 月 11 日作出(2015)深中法知民终字第 927 号民事判决:一、撤销广东省深圳市南山区人民法院(2013)深南法知民初字第 208 号民事判决;二、江苏省广播电视总台立即停止侵害金某某第 7199523 号"非诚勿扰"注册商标行为,即其所属的江苏卫视频道于判决生效后立即停止使用"非诚勿扰”栏目名称；三、深圳市珍爱网信息技术有限公司立即停止侵害金某某第7199523号“非诚勿扰”注册商标行为，即于判决生效后立即停止使用“非诚勿扰”名称进行广告推销、报名筛选、后续服务等行为。

江苏电视台、珍爱网公司不服二审判决，申请再审并由广东省高级人民法院裁定提审本案。

在本案再审审查及提审审理期间，江苏电视台为证明金某某涉案第7199523号注册商标权利状况及被诉行为性质，向再审法院补充提交了七组共33份证据，部分得到采信。

金某某为证明被诉行为性质属于商标性使用并仍在持续，向再审法院提交了12份证据，但均未得到采信。

再审法院认为，本案系侵害商标权纠纷，争议焦点为：1. 江苏电视台对被诉标识的使用是否属于商标性使用。2. 江苏电视台是否侵害了金某某涉案注册商标权。3. 珍爱网公司是否与江苏电视台构成共同侵权。

关于江苏电视台对被诉标识的使用是否属于商标性使用的问题。再审法院认为，“非诚勿扰”原是江苏电视台为了区分其台下多个电视栏目而命名的节目名称，但从本案的情况来看，江苏电视台对被诉“非诚勿扰”标识的使用，并非仅仅为概括具体电视节目内容而进行的描述性使用，而是反复多次、大量地在具电视、官网、招商广告、现场宣传等商业活动中单独使用或突出使用，使用方式上具有持续性与连贯性，其中标识更在整体呈现方式上具有一定独特性，这显然超出对节目或者作品内容进行描述性使用所必需的范围和通常认知，具备了区分商品/服务的功能。江苏电视台仅以“非诚勿扰”属于节目名称、同时标注台标明晰来源为由，否认相关行为属于商标性使用，不能成立。

关于江苏电视台是否侵害金某某涉案注册商标权的问题。再审法院认为，在商标侵权裁判中，必须对被诉标识与注册商标是否相同或近似、两者服务是否相同或类似，以及是否容易引起相关公众的混淆误认作出判断。

（一）关于被诉标识与涉案商标是否相同或近似的问题

该两被诉标识与金某某涉案注册商标的显著部分与核心部分均为“非诚勿扰”，文字相同，整体结构相似，在自然组成要素上相近似。但客观要素的相近似并不等同于商标法意义上的近似。商标法所要保护的，并非仅以注册行为所固化的商标标识本身，而是商标所具有的识别和区分商品/服务来源的功能。如果被诉行为并非使用在相同或类似商品/服务上，或者并未损害涉案注册商标的识别和区分功能，亦未因此导致市场混淆后果的，不应认定构成商标侵权。

（二）关于两者服务类别是否相同或类似的问题

对于被诉节目是否与第45类中的“交友服务、婚姻介绍”服务相同或类似，不能仅看其题材或表现形式来简单判定，应当根据商标在商业流通中发挥识别作用的本质，结合相关服务的目的、内容、方式、对象等方面情况并综合相关公众的一般认识，进行综合考量。如前所述，江苏电视台经过长期对《非诚勿扰》节目及标识的宣传和使用，已使社会公众将该标识与被诉节目、江苏电视台下属频道江苏卫视相联系。而这种使用，从相关服务的目的、内容、方式、对象等方面情况来看，正是典型的使用在电视文娱节目上。具体言之，被诉《非诚勿扰》节目系一档以相亲、交友为题材的电视文娱节目，其借助相亲、交友场景中现代未婚男女的言行举止，结合现场点评嘉宾及主持人的评论及引导，通过剪辑编排成电视节目予以播放，使社会公众在娱乐、放松、休闲的同时，了解当今社会交友现象及相关价值观念，引导树立健康向上的婚恋观与人生观。其服务目的在于向社会公众提供旨在娱乐、消遣的文化娱乐节目，凭节目的收视率与关注度获取广告赞助等经济收入；服务的内容和方式为通过电视广播这一特定渠道和大众传媒方式向社会提供和传播文娱节目；服务对象是不特定的广大电视观众等。而第45类中的“交友服务、婚姻介绍”系为满足特定个人的婚配需求而提供的中介服务，服务目的系通过提供促成婚恋配对的服务来获取经济收入；服务内容和方式通常包括管理相关需求人员信息、提供咨询建议、传递意向信息等中介服务；服务对象为特定的有婚恋需求的未婚男女。故两者无论是在服务目的、内容、方式和对象上均区别明显。以相关公众的一般认知，能够清晰区分电视文娱节目的内容与现实中的婚介服务活动，不会误以为两者具有某种特定联系，两者不构成相同服务或类似服务。

退一步而言，即使如金某某所主张，认为江苏电视台提供的被诉《非诚勿扰》节目与“交友服务、婚姻介绍”服务类似，但因被诉行为不会导致相关公众对服务来源产生混淆误认，也不构成商标侵权。如前所述，商标法保护的系商标所具有的识别和区分来源功能，故必须考虑涉案注册商标的显著性与知名度，在确定其保护范围与保护强度的基础上考虑相关公众混淆、误认的可能性。本案中，金某某涉案注册商标中的“非诚勿扰”文字本系商贸活动中的常见词汇，用于婚姻介绍服务领域显著性较低，其亦未经过金某某长期、大量的使用而获得后天的显著性。故本案对该注册商标的保护范围和保护强度，应与金某某对该商标的显著性和知名度所作出的贡献相符。反观被诉《非诚勿扰》节目，其将“非诚勿扰”作为相亲、交友题材节目的名称具有一定合理性，经过长期热播，作为娱乐、消遣的综艺性文娱电视节目为公众所熟知。即使被诉节目涉及交友方面的内容，相关公众也能够对该服务来源作出清晰区分，不会产生两者误认和混淆，不构成商标侵权。

综上，虽然被诉“非诚勿扰”标识与金某某涉案注册商标在客观要素上相近似，但两者用于不同的服务类别，也不会使相关公众产生混淆误认，江苏电视台在电视文娱节目上使用被诉“非诚勿扰”标识，并不构成对金某某涉案第7199523号注册商标的侵权。

关于珍爱网公司是否与江苏电视台构成共同侵权的问题。鉴于再审法院已经认定江苏电视台的行为不构成商标侵权，故金某某关于珍爱网公司协助江苏电视台就《非诚勿扰》节目开展广告推销、报名筛选、后续服务，构成共同侵权的主张不能成立，再审法院不予支持。至于珍爱网公司是否在被诉节目之外，还存在单独使用“非诚勿扰”标识进行婚姻介绍、交友服务的问题，并非本案的审理范围，再审法院不予评述。珍爱网公司关于其并未与江苏电视台构成共同侵权的再审请求和理由成立。

综上，再审法院认为江苏电视台与珍爱网公司关于被诉行为不构成商标侵权的再审请求和理由成立，撤销广东省深圳市中级人民法院（2015）深中法知民终字第927号民事判决，并维持广东省深圳市南山区人民法院（2013）深南法知民初字第208号民事判决。

律师评析

（一）典型意义

本案不仅涉及电视节目名称是否属于商标性使用的问题，更涉及电视节目及其相关内容如何认定所属商品（服务）项目等问题。

在事实不存在争议的情况下，不同层级法院对于江苏电视台的《非诚勿扰》节目与第45类中的“交友服务、婚姻介绍”服务是否构成相同或类似，是否会导致相关公司的混淆与误认的裁判观点不一，并对此展开了有益的讨论。

支持本案江苏电视台一方的一审法院与再审法院的观点更接近于普罗大众，即金某某涉案注册商标“非诚勿扰”所对应的商品(服务)系“交友服务、婚姻介绍”,即第45类;而江苏电视台的《非诚勿扰》节目对应的商品/服务系“电视节目”,即第41类。两者属于不同类商品(服务),相关公众一般认为两者不存在特定联系,不容易造成混淆与误认,从而不会构成商标侵权。

支持本案商标权人诉请的二审法院的观点则得到很多专业人士的认同。即江苏电视台的《非诚勿扰》节目,从服务的目的、内容、方式、对象等判定,均是提供征婚、相亲、交友的服务,与金某某第7199523号“非诚勿扰”商标注册证上核定的服务项目“交友、婚姻介绍”相同,所以本案江苏电视台等应构成商标侵权。某知名高校知识产权专业的教授也就此案在微信朋友圈中发表评论:“卖大饼的侵权者选择网络直播,会因为直播搞笑火爆所以卖大饼本质上就不侵害商标权了?”

本案的判决虽然已经生效,但对于所揭示问题的讨论并没有因此而终结,相信多年之后,仍会有人继续讨论本案不同层级法院的裁判思路。

(二)法律评析

根据2013年《商标法》第57条的规定,未经商标注册人的许可,在同一种商品(服务)上使用与其注册商标近似的商标,或者在类似商品(服务)上使用与其注册商标相同或者近似的商标,容易导致混淆的,属于侵犯注册商标专用权。

法律规定看似简单明确,但在具体案件中认定何为近似商标、何为类似商品(服务),有时候不同的人会有截然不同的观点。没有仔细查看案卷的人,往往只知表象,人云亦云;抑或早已预设立场的人,无论如何不接受不同的意见。

作为代理人能够做和应当做的,是充分展示案件证据,全力以赴阐明“法律依据—证据事实—判决结果”的三段论逻辑,即便案件最终未能胜诉,也不失专业水准,无愧职业道德。

律师简介

肖才元律师,武汉大学理学士、法律硕士,现任深圳市福田区人大代表,盈科全球合伙人,盈科中国区董事会副主任,北京市盈科(深圳)律师事务所管委会主任,盈科(深圳)争议解决中心主任。

肖律师擅长于专注民商事(包括但不限于土地纠纷、投融资纠纷、知识产权)领域及行政诉讼疑难案件的争议解决,擅长诉讼方案的策划与诉讼技巧的运用,重大诉讼及疑难商事争议和/或民商行政交叉争议解决之完整方案的提供,其缜密进取的诉讼风格极为典型。其引人注目的成就,赢得了业内和社会的高度赞誉,曾荣获“ALB 2016中国十五佳诉讼律师”奖;2014年、2015年、2016年、2017年、2018年、2019年、2020年、2021年连续八年,被全球著名的法律评级机构钱伯斯(Chambers & Partner)评为公司及商事法律领域的“领先律师”。

王承恩律师，西南政法大学法学学士、中山大学民商法硕士。原创维集团知识产权负责人。现任盈科律师事务所第四届全国知识产权法律专业委员会主任。北京市盈科（深圳）律师事务所第四届管委会委员、知识产权法律事务部主任、高级合伙人。入选工信部工业和信息化领域知识产权专家库、深圳市市场监督管理局知识产权专业委员会专家、长沙市知识产权局维权援助专家库专家、中南财经政法大学知识产权研究中心兼职研究员。

明知缺乏正当理由而提起知识产权维权诉讼的恶意认定及法律后果

——深圳市腾讯计算机系统有限公司与谭某某因恶意提起知识产权诉讼损害责任纠纷案*

王承恩

所获荣誉

最高人民法院“2019年中国法院十大知识产权案件”。该案还同时入选广东省高级人民法院公布的“2019年度广东省知识产权审判十大案件”，广东省律师协会公布的“2019年度广东律师典型案例”和深圳市律师协会评选的“2019年度深圳律师承办知识产权十大典型案例”。

案情简介

深圳市腾讯计算机系统有限公司(以下简称腾讯公司)拥有多项“QQ企鹅”系列美术作品的著作权以及注册商标专用权。谭某某系某为科技(深圳)有限公司(以下简称某为公司)的股东及董事。2008年12月,谭某某向国家知识产权局申请“音箱”(Xzeit迷你企鹅型)外观设计专利,并获得授权。2011年3月,腾讯公司以谭某某、某为公司销售的QQ迷你音箱侵害其著作权和商标权为由提起诉讼。后双方就该两案达成和解,谭某某同意停止侵权并支付赔偿款2.5万元。谭某某同时承诺,将于一个月内向国家知识产权局撤回其企鹅音箱外观设计专利申请。后经法院查明,谭某某并未履行承诺,且持续缴纳该外观设计年费至2015年12月。此后,腾讯公司与深圳市中科睿成智能科技有限公司(以下简称中科公司)合作生产、销售企鹅外形音箱。2016年2月,谭某某以腾讯公司及中科公司侵害其外观设计专利权为由,提起诉讼。腾讯公司随即

---

* 广东省高级人民法院(2019)粤民终407号民事判决书。

针对谭某某的外观设计专利提出无效宣告请求，原国家知识产权局专利复审委员会经审查宣告该外观设计专利权无效。广东省深圳市中级人民法院遂裁定驳回谭某某的起诉。后腾讯公司以谭某某明知其外观设计专利不符合授权条件，仍然恶意提起侵害专利权的诉讼，并给腾讯公司造成了包括商誉损失、律师代理费、差旅费、预期可得利益等在内一系列损失为由，向广东省深圳市中级人民法院提起本案诉讼，请求判令谭某某赔偿损失、赔礼道歉并消除影响。

办案策略及律师工作

本案胜败的核心关键则在于如何证明谭某某在(2016)粤03民初236号案件中对腾讯公司的起诉具有主观上的恶意。

承办代理人通过申请阅卷，复制了与本案相关的深圳市中级人民法院(2016)粤03民初236号案、深圳市福田区人民法院(2011)深福法知民初字第348、349号案的卷宗，另外，并保证了比对效果，进一步证明谭某某的主观恶意，还特意调取了(2010)深证字第196922号公证书中谭某某曾经销售的、侵害腾讯公司知识产权的QQ企鹅音箱彩色照片，结合全案证据，整理出可以证明谭某某存在主观恶意的以下事实：

1. 谭某某在2008年12月23日申请相关外观设计专利之前，已经明知腾讯公司对QQ企鹅形象享有著作权。

(1)根据相关公证书固定的网页图片，可知在2008年12月23日之前，安装和登录腾讯的QQ软件(包括此前的OICQ)，就会显示腾讯公司享有知识产权的QQ企鹅图标。

(2)在2003年9月腾讯QQ用户的注册数就上升至2亿，而根据福田法院审理的、谭某某作为被告之一的(2011)深福法知民初字第348、349号案卷宗，谭某某使用的QQ号为8位数。

由此可知，谭某某知道和使用QQ软件及了解QQ企鹅形象的时间不会晚于2003年9月。

(3)谭某某作为股东和董事，与他人于2008年11月10日在我国香港注册名为“某为科技(深圳)有限公司”的离岸公司，说明谭某某在此日期之前，就已经到过深圳，且与腾讯公司同城而处。

而腾讯公司在2008年6月时，QQ注册用户接近8亿，谭某某与腾讯公司同城而处，不可能在2008年12月23日申请涉案外观设计专利前还不知晓腾讯公司及其QQ企鹅形象。

2. 谭某某以不诚信的方式,将与腾讯公司著作权相冲突的设计恶意申请外观设计专利,并获得专利证书。

以腾讯公司 QQ 企鹅的知名度,及其与涉案外观设计专利的相似程度,可以合理排除谭某某自行设计,只是巧合的可能性。

谭某某不顾自己对 QQ 企鹅形象不享有实质权益的事实,于 2008 年 12 月 23 日向国家知识产权局提交涉案专利申请,并利用外观设计专利只进行形式审查(初步审查)的特点,经过形式审查后,2010 年 1 月 13 日授权公告,获得外观设计专利证书。

3. 谭某某曾不当利用腾讯公司 QQ 企鹅形象广受市场欢迎的优势,设立在香港的离岸公司,并生产、销售侵害腾讯公司知识产权的产品谋取非法收益。

谭某某作为股东和董事,与他人于 2008 年 11 月 10 日在香港共同注册名为"某为科技(深圳)有限公司"的离岸公司,作为生产、销售侵害腾讯公司知识产权的 QQ 迷你音箱的实体。

谭某某通过互联网销售和许诺销售侵犯腾讯公司知识产权的企鹅形状的 QQ 迷你音箱,使用 QQ 号与买家联系,告知买家收款账号,用某达快运等寄送侵权产品,并以其个人银行账号于 2010 年 12 月 6 日收取销售侵权产品的款项,计人民币 850 元。腾讯公司于 2010 年 12 月 7 日和 2011 年 1 月 14 日申请深圳市公证处以(2011)深证字第 17857 号、第 196922 号公证书对相关收货行为及网页进行了公证。

4. 谭某某违反放弃(撤回)涉案专利的承诺,还持续不断缴纳年费以维持涉案专利的效力。

腾讯公司于 2011 年 3 月 9 日向深圳市福田区人民法院起诉谭某某等侵害著作权及商标权[案号分别为:(2011)深福法知民初字第 348、349 号]。谭某某认可腾讯公司所主张的侵权事实,并且愿意向腾讯公司支付共 5 万元赔偿款以了结案件。后续(2016)粤 03 民初 236 号案的庭审笔录中,谭某某的代理人也说"对产品侵犯被告二(即腾讯公司)的版权是认可的"。

相关案件的法院案卷显示,谭某某不仅在福田法院的调解书中承诺立即停止销售侵权产品 QQ 企鹅音箱的行为,愿于 2011 年 6 月 13 日前各案分别赔偿腾讯公司款项 2.5 万元,更重要的是,谭某某还在 2011 年 5 月 23 日的调解笔录中承认其于 2008 年 12 月 23 日向国家知识产权局对音箱(Xzeit 迷你企鹅型)申请外观设计专利(该外观设计专利与侵权产品的外观一致),但谭某某并没有如实告知法院及腾讯公司该专利已于2010年1月13日授权公告的事实,只是保证在一个月内(2011年6月23日之前)向国家知识产权局撤回上述外观设计专利的申请,而不是放弃已经授权的该专利。

然而,谭某某并未遵守其在前述调解笔录中的承诺,不仅没有主动撤回涉案外观专利的相关申请,而且还通过积极行为维持另一侵权外观设计专利的效力。经查询,谭某某仅申请了两个专利,其中名称为“音箱”(Xzeit迷你企鹅型)的外观设计专利有且只有这一个,可以排除其已放弃其他同名外观设计专利的可能性。相反,在2011年12月至2015年12月,谭某某还主动持续自行或通过深圳市某专利代理事务所缴纳年费,维持上述外观设计专利的效力。

5. 谭某某向深圳市中级人民法院恶意起诉腾讯公司侵害其外观设计专利权。

谭某某在明知自身不是QQ企鹅形象的真正权利人,涉案外观设计不符合授予专利权的实质要件的情况下,以腾讯公司及中科公司生产、销售的企鹅型音箱共同侵害涉案专利为由,于2016年2月19日向深圳市中级人民法院起诉[案号:(2016)粤03民初236号],请求深圳中院确认腾讯公司及中科公司侵害其外观设计专利权,并支付专利使用费90万元。

谭某某对涉案外观设计专利不符合授予专利权实质要件一事心知肚明,但仍然向腾讯公司提起诉讼,还索要高额专利使用费。

腾讯公司作为该案被告,只能花费开支,委托代理人应对谭某某的起诉,并于2016年3月21日向国家知识产权局专利复审委员会提出无效宣告请求申请。

6. 在(2016)粤03民初236号案的审理及涉案专利的无效过程中,还有诸多细节可以证明谭某某的恶意。

(1)在(2016)粤03民初236号案中,因为谭某某明知不可能胜诉,所以连最基本的、网上购买涉案产品的过程都不做公证取证,以最大限度节约其诉讼开支。

(2)深圳中院(2016)粤03民初236号案的庭审笔录显示,谭某某明知腾讯公司已就涉案专利提出了无效宣告请求,但仍然不撤回起诉,坚持其诉讼请求。

(3)谭某某在涉案专利无效宣告过程中,继续与腾讯公司纠缠不休。在国家知识产权局专利复审委员会审理涉案专利的无效宣告请求的过程中，谭某某继续违反放弃相关专利（或撤回专利申请）的承诺，在收到专利复审委转送的腾讯公司对涉案专利提出无效宣告请求的材料和证据后，于2016年6月8日提出意见陈述书，理由明显不能成立，但仍然坚持委托代理人参与2016年6月17日的口头审理。

（4）在涉案专利被宣告无效后，谭某某仍然不反省，不罢休。国家知识产权局专利复审委员会于2016年6月29日作出第29537号《无效宣告审查决定书》，决定宣告涉案外观设计专利权全部无效。但谭某某并未做出补救行为，依旧通过恶意诉讼浪费深圳市中级人民法院的司法资源，并增加了腾讯公司损失。甚至深圳中院为（2016）粤03民初236号案，就第29537号《无效宣告审查决定书》进行质证时，谭某某方面仍然表示不服，并会向北京知识产权法院起诉，直到2016年8月5日深圳中院裁定驳回其就（2016）粤03民初236号案的起诉。

通过承办律师归纳的以上1～6项事实，无可置疑地证明了本案的核心要点，两审法院均认可谭某某具有主观上的恶意，从而判定其构成恶意诉讼。

裁判要旨及结果

法院认为本案核心问题为谭某某起诉腾讯公司侵害其外观设计专利权的行为是否构成恶意诉讼。

认定恶意提起知识产权诉讼的要件主要有四个：1. 一方当事人以提起知识产权诉讼的方式提出了某项请求；2. 提出请求的一方当事人具有主观上的恶意；3. 具有实际的损害后果；4. 提出请求的一方当事人提起知识产权诉讼的行为与损害后果之间具有因果关系。

由于谭某某在（2016）粤03民初236号案件中起诉腾讯公司，要求确认腾讯公司侵权并支付专利使用费，将腾讯公司拖入专利侵权诉讼中，符合要件1。

谭某某明知腾讯公司对涉案QQ企鹅美术作品享有在先著作权，且已经在先使用的情况下，利用我国外观设计专利不进行实质审查的制度，申请与QQ企鹅形象基本一致的外观设计专利并获得授权，其申请行为违背了诚实信用原则，属于恶意申请专利的行为。谭某某明知专利权的获得不具有实质正当性，仍基于不当取得的专利权，不适当地主张权利，意图获取非法的市场竞争利益，其行使权利具有明显的主观恶意。而且，在（2011）深福法知民初字第348、349号案件调解过程中,谭某某清楚知道涉案专利与腾讯公司享有著作权的美术作品基本一致,并明确做出撤回涉案专利的承诺。调解结束后,谭某某不仅没有履行承诺,反而继续缴纳专利年费,继而向腾讯公司主张专利侵权,意图使腾讯公司受到财产或信誉上的损害,该行为主观恶意明显,情节恶劣,符合要件2。

腾讯公司为应对(2016)粤03民初236号案件提起的专利侵权诉讼支付了代理费、公证费、资料费等费用,谭某某提起该诉讼给腾讯公司造成了经济损失,符合要件3。

考虑到专利案件的复杂性,腾讯公司为维护自身合法权益聘请代理人应对诉讼,符合常理,其所支付的代理费及为应对诉讼而进行举证工作所支出的公证费、资料费、差旅费亦属必要。上述费用与谭某某恶意提起的专利侵权诉讼具有当然的因果关系,符合要件4。

综上,谭某某的行为符合四个要件,构成恶意提起知识产权诉讼,应该承担相应法律责任。

法院一审认定谭某某的行为构成恶意提起知识产权诉讼,判令其赔偿腾讯公司经济损失及维权合理开支共计50万元。广东省高级人民法院二审维持一审判决。

律师评析

(一)典型意义

公平有序、充满活力的竞争机制是释放各类创新主体创新活力的重要保障。在依法保障知识产权人在其权利范围内获得充分和严格保护的同时,也要坚持以诚信原则为指引,防止少数市场主体以滥用权利的方式损害公平健康的市场竞争秩序与他人的合法权益。"因恶意提起知识产权诉讼损害责任纠纷"是知识产权诉讼领域的新类型案由,在行为要件、裁判标准等方面尚待进一步明确。本案中,二审法院从权利基础、判断能力、抗辩事由等多方面,对当事人是否具有提起诉讼的主观恶意等问题进行了有益探索,对赔偿数额的确定标准也给予了充分论述。本案裁判对于合理确定法律责任边界,依法维护善意使用者的市场交易安全,降低创新者的法律风险,鼓励更多社会主体投身创新创业,均具有积极意义。①

① 以上"典型意义"部分的内容,来自最高人民法院办公厅《关于印发2019中国法院10大知识产权案件和50件典型知识产权案例的通知》。

(二)法律评析

随着中国创新能力的提高,知识产权作为保护创新的法律武器,越来越受到全社会的重视。然而,极个别人不顾以知识产权保护创新的立法本意,在明知自己缺乏正当理由的情况下,不仅通过各种方式申请商标或专利等知识产权,还以此为依据起诉他人侵害其"知识产权"。

如果案件被认定同时符合以下四个要件,则因恶意提起知识产权诉讼损害责任纠纷的被告需要承担责任:

1. 被告以提起知识产权诉讼的方式提出了某项请求;

2. 提出请求的被告具有主观上的恶意;

3. 具有实际的损害后果;

4. 提出请求的被告提起知识产权诉讼的行为与损害后果之间具有因果关系。

对于因恶意提起知识产权诉讼损害责任纠纷的原告来说,在举证时最难的通常是如何证明被告在提出请求时具有主观上的恶意。这往往需要深度检视案件被告在此前申请知识产权时,是否已经明知自己对该知识产权并无应当受到法律保护的权益?还要关注被告在提出保护知识产权的请求时,其方式、手段是否超出了知识产权权利人正常维权的合理范畴?

律师简介

王承恩律师, 西南政法大学法学学士、中山大学民商法硕士。原创维集团知识产权负责人,现任盈科律师事务所第四届全国知识产权法律专业委员会主任,北京市盈科(深圳)律师事务所第四届管委会委员、知识产权法律事务部主任、高级合伙人。入选工信部工业和信息化领域知识产权专家库、深圳市市场监督管理局知识产权专业委员会专家、长沙市知识产权局维权援助专家库专家、中南财经政法大学知识产权研究中心兼职研究员。

微信小程序内容侵权，腾讯接到权利人通知后须采取“必要措施”

——微信小程序侵权第一案*

方超强

所获荣誉

2019 年度杭州法院知识产权司法保护十大案件,2019 年度浙江法院十大知识产权案件,2019 年中国法院 50 件典型知识产权案例。

案情简介

杭州刀豆网络科技有限公司(以下简称刀豆公司)经授权取得《武志红的心理学课》文字作品的复制权、发行权、信息网络传播权及维权权利。2018 年 7 月 4 日,该公司发现长沙百赞网络科技有限公司(以下简称百赞公司)运营的 3 个微信小程序上非法提供、销售刀豆公司作品牟利运营的三个微信小程序中均有“武志红心理学”收听栏目,经比对,其中“命运”“自我的稳定性与灵活度”音频内容与权利作品一致。腾讯公司系微信小程序服务的提供者,为通过申请的小程序开发者提供小程序开发组件、框架及网络接口等服务。刀豆公司认为腾讯公司系网络服务提供商,而百赞公司系其网络用户,应当就其网络服务提供商的身份承担相应法律责任,故向一审法院起诉,请求判令百赞公司、深圳市腾讯计算机系统有限公司(以下简称腾讯公司)立即停止侵权,即百赞公司立即删除在微信小程序“在线听阅”“咯咯呜”“回播”上的涉案作品,腾讯公司立即删除上述三个侵权微信小程序,百赞公司、腾讯公司赔偿刀豆公司经济损失以及合理费用共计人民币 50000 元。但在起诉前,刀豆公司并未通知腾讯公司删除案涉小程序上的侵权作品。

---

* 浙江省杭州市中级人民法院(2019)浙 01 民终 4269 号民事判决书。

杭州互联网法院经审理认为，涉案作品内容构成侵权，百赞公司应当承担侵权责任。但小程序服务的性质属于类似于“自动接入、自动传输”的基础性网络服务，故腾讯公司作为基础性网络服务提供者不适用于“通知删除”规则。且涉案作品内容无法定向删除，不宜要求腾讯公司删除整体下架发布有该侵权内容的小程序。遂判决百赞公司赔偿刀豆公司15000元，驳回刀豆公司对腾讯公司的诉讼请求。

一审宣判后，刀豆公司对于一审法院对于小程序网络服务的定性，以及腾讯公司不需要根据《侵权责任法》第36条的规定承担“采取其他必要措施”义务的认定，均有异议。刀豆公司认为，《信息网络传播权保护条例》既然未规定小程序这种新型的网络服务，那么对于小程序网络服务的定性和责任判断就应该适用《侵权责任法》第36条；而根据《侵权责任法》第36条的规定，即便腾讯公司不具备对小程序上内容的“定点清除”能力，也应当采取“其他必要措施”。遂向杭州市中级人民法院提起上诉。

杭州市中级人民法院经审理认为，腾讯公司提供的微信小程序服务不属于《信息网络传播权保护条例》规定的四种网络服务类型，故其是否构成帮助侵权应根据《侵权责任法》第36条“通知—删除”规则认定。腾讯公司不具备进入开发者服务器、接触服务器内容的技术能力，无法实现对侵权内容的“定位清除”，且要求其删除被控侵权的小程序超出了本案被控侵权行为所造成损害的必要限度。因此，腾讯公司不应承担整体下架涉案微信小程序的民事责任，但腾讯公司在收到被侵权人的有效通知后，仍须根据《侵权责任法》第36条规定采取相关必要措施。

经二审法院审理，综合考量本案侵权行为，认定彻底删除小程序在本案中超过了救济侵权损害所需的必要限度，且刀豆公司未向腾讯公司发出侵权通知并要求其采取必要措施，故认定腾讯公司并不存在过错，不需要承担帮助侵权的责任，未支持权利人删除、下架微信小程序的诉请。综上，杭州市中级人民法院判决驳回上诉，维持原判。

办案策略及律师工作

1. 代理背景

本案系全国首例涉“微信小程序”平台知识产权侵权责任的司法案例，该案的判决结果对于众多小程序网络服务提供者而言具有重要意义，因此在“微信小程序”网络服务定性、法律适用、平台责任等方面都是各方关注的焦点。因一审判决认为《侵权责任法》第36条应当作目的性限缩解释与《信息网络传播权保护条例》保持一致，又将小程序法律服务定性为类“自动接入、自动传输”的基础性网络，实质上确立了腾讯公司不必就小程序信息侵权承担任何责任；因此，腾讯公司及其代理人方面就组织了相应的网络宣传，也有相当的专家、学者发表了与一审判决一致的观点。

因此，在一审结束之后，舆论和学术观点更倾向于支持一审的判决认定与结果。

该案的一审并非本人代理，刀豆公司因对一审判决不满，认为该判决完全规避了平台方的责任，对于今后打击小程序运营者的知识产权行为极为不利，故决定另外遴选、委托律师代理该案二审。本人在此情况下，接收刀豆公司的委托代理该案二审。

2. 代理策略与律师工作

接受该案委托后，本人通过跟刀豆公司沟通以及对一审证据资料、判决书的审查梳理，发现该案判决在两方面存在一定争议，可以作为突破的点：1. 法律适用上，将《侵权责任法》第 36 条作目的性限缩解释与《信息网络传播权保护条例》保持一致，这种个案中的法律解释其合理性、合法性有待考量；2. 小程序服务的定性上，一审认定属于类“自动接入、自动传输”的基础网络服务，这一定性是否准确有待考量。

此外，在此审查梳理过程中，本人发现其在本案起诉之前并未事前通知腾讯公司删除相关小程序；因此，本人预判即便上诉，实体结果维持原判的可能性较人。

故与客户沟通后，将本案上诉的主要目的确定在两点：1. 纠正对微信小程序网络服务的定性；2. 纠正法律适用，认定适用《侵权责任法》第 36 条，不适用《信息网络传播权保护条例》；3. 确认小程序网络服务提供者即便不承担删除义务，也应当采取“其他必要措施”。

确定好以上诉讼方向后，本人认为本案代理的主要工作，应当在理论上梳理清楚“新型网络服务”与现有法律法规的关系，包括《侵权责任法》第 36 条与《信息网络传播权保护条例》的位阶关系、如何适用等；以及探究《侵权责任法》第 36 条关于删除、断开链接等已列举措施以外“必要措施”的内涵。为此，本人选定北京、上海、深圳、杭州等 4 个互联网案件相对较多、新型类型案件较多的城市，利用“中国裁判文书网”查阅了近 3 年内有关前述法条适用的相关案例，并进行了大数据统计和分析。在此基础上，本人形成 2 点确定的观点：1. 下位法未有规定之情况，必须适用上位法；2.《侵权责任法》第 36 条适用于所有网络服务，网络服务提供者应当采取的“必要措施”可以有更大的内涵。并在该两个观点之上，撰写了上诉状和后续详尽的代理词，同时也向二审主审法官提交了观点相近的在先案例供其参考。

最终，二审法院采纳了我方的观点，预定的上诉目的全部实现。

裁判要旨及结果

本案的裁判要旨可以归纳为以下 4 个方面：

1. 关于微信小程序网络服务的法律定性

基于腾讯提供了小程序开发框架，组件及网络接口，故属于新型网络服务，不在《信息网络传播权保护条例》规定的 4 类网络服务类型之列。

2. 关于《信息网络传播权保护条例》与《侵权责任法》的适用

《信息网络传播权保护条例》与《侵权责任法》系一般法与特别法的关系，《侵权责任法》第 36 条并未对网络服务提供者的范围及类型进行限定，不在《信息网络传播权保护条例》规定内的网络服务类型，应适用《侵权责任法》。

3. 腾讯公司应当承担何种网络服务提供者责任

从案情本身出发，认为终止小程序网络服务之措施，超过对本案侵权损害救济的必要限度，在个案上不支持适用“通知—删除”规则。但基于《侵权责任法》第 36 条，仍负有采取必要措施的义务，但以技术上能够实现，合理且不超过必要限度为限，比如承担“转通知”义务等。

【判决结果】

二审实体结果未改变，二审判决驳回上诉，维持一审判决。

律师评析

（一）典型意义

本案涉及微信小程序服务提供者的知识产权法律责任，被称为“微信小程序”第一案，广受各界关注。二审判决对此类网络服务进行了准确定位，认为其虽然不属于《信息网络传播权保护条例》规定的任何一种服务类型，但仍应受到《侵权责任法》第 36 条“通知—删除”规则的规制。对于微信小程序服务提供者应当采取的必要措施类型，本案判决延续了案例指导 83 号裁判要点的精神，从平衡权利人、被投诉人、网络服务提供者和社会公众利益的角度出发，重申了何谓“必要措施”及其判断标准，进一步丰富了“必要措施”的内涵及司法实践。

（以上“典型意义”部分的内容，摘自浙江省高级人民法院发布的《2019 年度浙江法

院十大知识产权案件》案例汇编的内容)

(二)法律评析

《信息网络传播权保护条例》是国务院根据著作权法制定的针对著作权中信息网络传播权的保护立法;《侵权责任法》是全国人大常委会颁布的保障包括著作权在内的民事权益的民事基本法律。显然,《侵权责任法》是上位法、一般法;而《信息网络传播权保护条例》是下位法、特别法。

此外,两者在有关网络侵权保护的立法规范上至少存在如表1所示的区别:

表1　网络侵权保护在立法规范上的区别

序号	区别类型	《信息网络传播权保护条例》	《侵权责任法》
1	网络服务提供者的范围不同	仅涉及自动接入、自动传输、自动缓存、信息存储空间、搜索链接服务提供者	包括《信息网络传播权》规定类型在内的,所有网络技术服务者
2	“通知—删除”规则适用的对象不同	仅适用于信息存储空间、搜索链接服务提供者,而自动接入、自动缓存、自动传输服务提供者不受“通知—删除”规则约束	既适用于信息存储空间、搜索链接服务提供者,也适用于其他网络技术服务提供者
3	通知后,采取措施不同	仅规定了信息存储空间、搜索链接服务提供者这两种类型的网络服务提供正须采取删除内容、断开链接的措施	除删除、断开链接以外,还包括屏蔽等其他“必要措施”,具体措施是开放性的

从表1可见,《信息网络传播权保护条例》仅规范信息网络传播权的保护;而《侵权责任法》规范的不仅仅是信息网络传播权,也规范针对其他权益的网络侵权类型。因此,在二者的适用问题上,首先应当判断具体侵权行为或者网络服务类型在《信息网络传播权保护条例》中是否有具体规定,如有则根据法律位阶和适用规则,优先适用该条例;如具体侵权行为或网络服务类型在《信息网络传播权保护条例》中未有规定,则应当适用上位法《侵权责任法》的一般性规定。

实践中,在案件中产生二者适用的争议,往往就是因为在具体侵权行为或者网络服务类型是否属于《信息网络传播权保护条例》规定的网络服务这一点上难以判断和把握。个人以为,具体侵权行为和网络服务类型是否属于《信息网络传播权保护条例》规定的行为和类型,应当严格限定于《信息网络传播权保护条例》相关条款文义本身所限定的外延，不宜扩大解释和适用，盲目地把新型网络服务类型都机械地往《信息网络传播权保护条例》规定的四种网络服务类型中靠。如此，准确厘清《侵权责任法》第 36 条和《信息网络传播权保护条例》的适用问题。

律师简介

方超强， 北京盈科（杭州）律师事务所律师，浙江省律协网络信息专委会委员，网经社—电子商务研究中心特邀研究员。

具有丰富的诉讼和公司顾问服务经验，尤其擅长互联网、电商、知识产权等领域前沿法律问题的研究、合规和诉讼，包括社交电商合规、直播（网红）电商合规、新型网络不正当竞争维权等。

曾获首届“杭州律师论坛”论文一等奖，“第五届浙江省律师论坛”论文一等奖，“第十三届华东律师论坛”二等奖；杭州市律协年度个人嘉奖；合著有《互联网法律实务指南》一书（2020 年 6 月出版）。

主动利用鉴定手段为侵犯商业秘密罪案件提供有效辩点

——林某某、叶某某、郑某某侵犯商业秘密罪案*

牟晋军　李　素

所获荣誉

最高人民法院“2019年中国法院50件典型知识产权案例”。

案情简介

林某某、叶某某原系A公司技术人员，离职后到B公司工作。郑某某本就系B公司技术人员，曾就某技术问题在B公司内部请教，林某某在未与其正面沟通的情况下将自己在A公司工作期间获得的一份文件发送至其工作邮箱。A公司向公安机关报案，公安机关立案侦查，后由惠州市惠城区人民检察院向惠州市惠城区人民法院提起诉讼，指控被告人林某某、叶某某、郑某某构成侵犯商业秘密罪。法院经审理后认定被告人林某某、叶某某、郑某某构成以不正当手段获取并使用权利人的商业秘密，判决三被告人构成侵犯商业秘密罪，分别判处有期徒刑4年4个月至4年6个月不等，并处罚金。

三被告人不服，委托牟晋军律师、李素律师等提出上诉。辩护律师经研究案情认为，一审判决所依据的司法鉴定存在瑕疵，且对被告人侵权行为的认定不当，导致量刑过重，由此积极展开辩护工作。

经过辩护人的努力，二审法院虽仍认为上诉人侵犯商业秘密罪的罪名成立，但认定的经济损失相比一审减少三千多万元，同时认定上诉人主观恶性较轻，三被告人的刑期均减少一年以上，罚金也相应减少。

---

* 广东省惠州市中级人民法院(2018)粤13刑终361号刑事判决书。

办案策略及律师工作

牟晋军、李素律师在接受委托后，反复研究了一审所依据司法鉴定的程序问题、秘点与检材一致性问题、检秘点与公知技术的关联性问题，以及损失认定方式、损失计算依据等。确定了本案的三个重点：

第一，该案中认定技术秘密范围的依据是由西南政法大学司法鉴定所等鉴定机构出具的多份司法鉴定。一审辩护人已经在一审程序中提出过重新鉴定的申请，但未获同意。要想二审有所突破，必须对这些鉴定结论提出有效的异议和挑战。

第二，本案三名被告人的行为是彼此之间发送涉案信息，公诉方并未就相关信息是否因涉案行为导致为公众所知悉进行举证，综合全案也未见任何证明涉案信息已彻底丧失秘密性的证据。在这种情况下，一审采用"成本法"认定全部研发成本为损失不具有合理性。一审辩护人对损失鉴定报告、损失认定方法同样提出了异议，但意见均未获采纳。损失金额是商业秘密罪与非罪，以及罪轻罪重的重要依据，在无法否定构成商业秘密的情况下，必须找出损失鉴定的问题所在。

第三，刑事案件二审经常是不开庭的，且审理期限只有 3 个月，如果本案按此进度安排，律师连当庭交锋、提交重新鉴定结论、出示专家意见的机会都没有，可以预知结果大概率是维持。

为此，牟晋军、李素律师一方面积极与二审承办法官沟通，详细陈述理由，争取开庭审理；另一方面在申请法院重新委托鉴定未获同意的情况下，确定了委托新的司法鉴定机构，针对原司法鉴定意见进行鉴定的工作思路，同时委托相关领域权威技术专家出具专家意见。

在争取开庭审理方面，辩护人从一审案卷中提取材料，进行清单式梳理，直观清晰地向合议庭传达了鉴定检材来源不明、秘点与鉴材无关、部分秘点在不同鉴定意见书中结论冲突等问题，向法院争取到了开庭审理的机会。

在委托鉴定方面，牟晋军、李素律师在通过自行检索，找到足以对抗秘点秘密性的初步证据后，委托西安交通大学知识产权司法鉴定所针对原鉴定意见书中所披露的秘点和检材进行鉴定。西安交通大学知识产权司法鉴定所经鉴定，认为部分秘点已被现有技术所披露，不具有秘密性。

裁判要旨及结果

二审法院经审理认为，上诉人林某某、叶某某、郑某某以不正当手段获取并使用权利人的商业秘密，均构成侵犯商业秘密罪。但损失鉴定中所认定的部分损失与秘点及检材中数据缺乏对应关系，无法认定，相应损失认定部分应予减除。同时，叶某某、林某某是在工作中发邮件披露信息以及在工作中参考使用他人的商业秘密，郑某某在工作中参考使用他人的商业秘密，三人行为目的在主观上与为了金钱利益而直接盗取出卖商业秘密有本质上的区别，其主观恶性较轻，此次触犯刑律有法律意识淡薄的原因，量刑时酌情从轻。

二审最终改判，主要判决内容为：

“一、维持广东省惠州市惠城区人民法院（2017）粤1302刑初1128号判决书第四项内容及第一项、第二项、第三项中关于林某某、叶某某、郑某某定罪部分内容；

二、撤销广东省惠州市惠城区人民法院（2017）粤1302刑初1128号判决书第一项、第二项、第三项中关于林某某、叶某某、郑某某量刑罪部分内容；

三、上诉人林某某侵犯商业秘密罪，判处有期徒刑三年六个月，并处罚金三万元；

四、上诉人叶某某侵犯商业秘密罪，判处有期徒刑三年，并处罚金[illegible]万元；

五、上诉人郑某某侵犯商业秘密罪，判处有期徒刑三年，并处罚金二万元。”

律师评析

（一）典型意义

由于商业秘密的不公开性，在具体案件当中，其范围往往难以清晰界定。同时，基于知识产权的无形性，在存在侵犯商业秘密行为的情况下，损失也往往难以准确认定。因此，在商业秘密刑事案件当中，司法鉴定就成了认定商业秘密范围及损失的最重要的证据。

实践当中，基于司法鉴定这类证据的特殊性，辩护人即便认为存在不当之处，也往往很难说服法院同意重新鉴定。同时，由于商业秘密证据的保密性，辩护人即便想单方委托鉴定，也难以合法取得检材。本案中，辩护律师在未能争取到法院重新委托鉴定的情况下，没有坐以待毙，而是委托其他鉴定机构针对原鉴定意见书所披露的信息进行了重新鉴定，从而打破僵局，促使法院重新考虑案件事实，实现了有效的辩护。

（二）法律评析

1. 侵犯商业秘密案件中的“秘点”如何确定？

涉案商业秘密的具体内容，即秘点是侵犯商业秘密案件中首先应当查清的事实。因为唯有如此，才能进一步有针对性地查明涉案商业秘密是否具备法定要件，界定权利人可受保护的范围，以及有针对性地评价侵权行为是否存在。如果不能明确商业秘密的具体内容，所导致的后果一方面会把原本属于公共领域的信息纳入保护范围，不当扩大权利人的垄断利益，侵占公共空间；另一方面也无法有针对性地评价侵权行为是否存在。

首先，秘点的内容必须明确，应当体现为明确的技术方案、具体的技术信息或者经营信息。技术方案应当说明采用了什么技术手段，解决了什么技术问题，取得了什么样的技术效果。技术信息应当说明所解决的技术问题及产生的有益效果。经营信息应当说明其具体构成以及所带来的特殊利益。

其次，秘点必须有据可依，即与检材，或曰权利人的证据之间存在明确的对应关系，不能超出检材所能界定的范围进行扩大化的归纳。本案当中，部分秘点与检材之间正是缺乏这种明确的对应关系，才使辩护人找到了辩护空间。

2. 侵犯商业秘密案件中的侵权损失该如何认定？

根据《最高人民检察院、公安部关于修改侵犯商业秘密刑事案件立案追诉标准的决定》，侵犯商业秘密所造成的损失或违法所得的确定方式为：“（一）以不正当手段获取权利人的商业秘密，尚未披露、使用或者允许他人使用的，损失数额可以根据该项商业秘密的合理许可使用费确定；（二）以不正当手段获取权利人的商业秘密后，披露、使用或者允许他人使用的，损失数额可以根据权利人因被侵权造成销售利润的损失确定，但该损失数额低于商业秘密合理许可使用费的，根据合理许可使用费确定；（三）违反约定、权利人有关保守商业秘密的要求，披露、使用或者允许他人使用其所掌握的商业秘密的，损失数额可以根据权利人因被侵权造成销售利润的损失确定；（四）明知商业秘密是不正当手段获取或者是违反约定、权利人有关保守商业秘密的要求披露、使用、允许使用，仍获取、使用或者披露的，损失数额可以根据权利人因被侵权造成销售利润的损失确定；（五）因侵犯商业秘密行为导致商业秘密已为公众所知悉或者灭失的，损失数额可以根据该项商业秘密的商业价值确定。商业秘密的商业价值，可以根据该项商业秘密的研究开发成本、实施该项商业秘密的收益综合确定；（六）因披露或者允许他人使用商业秘密而获得的财物或者其他财产性利益，应当认定为违法所得。”

由此可见，只有因侵犯商业秘密行为导致商业秘密已为公众所知悉或者灭失的情况下，损失数额才可以根据商业秘密的全部商业价值计算，才可以将全部研发成本作为损失。实践当中，公安及检察机关为办案方便，即便在侵权行为为造成商业秘密灭失的情况下，通常也是委托鉴定机构、使用成本法，即按研发成本计算侵权所造成的损失。作为辩护人，应当紧扣上述规定，以侵权后果的实际情况为基础，进行有效辩护。

3. 侵犯商业秘密案件中司法鉴定的效力如何认定?

侵犯商业秘密案件通常都会涉及司法鉴定，如何认定司法鉴定的效力，辩护人应该从哪些方面对司法鉴定证据提出挑战就成为辩护工作中的重点。

根据刑事诉讼法及有关司法鉴定的管理规定，辩护人通常可以从如下几个方面着手：(1)委托事项和鉴定内容是否超出鉴定机构的鉴定能力范围，实践中常见的是对“是否构成商业秘密”“是否侵犯商业秘密”进行鉴定，这是不妥的，鉴定机构只能就技术问题，即“是否不为公众所知悉”“是否具有同一性”出具意见，而不能进行法律判断。(2)鉴定人是否具备相应的专业背景和专业能力，鉴定人只能在其熟悉的领域进行鉴定，对于超出其专业能力的，鉴定结论不应采信。(3)秘点的归纳是否具体、明确，是否有对应的检材依据，检材是否经过充分质证。(4)鉴定程序是否遵循了相关规定。

律师简介

牟晋军律师，北京市盈科律师事务所中国区董事、知识产权专业委员会副主任，北京市盈科(广州)律师事务所党委书记、管委会主任、知识产权部主任。牟晋军团队现有成员三十余人，2013 年至今，代理各类知识产权案件三千余件，其中多件入选最高人民法院年度 50 件典型知识产权案件、上海知识产权研究所年度十大最具研究价值案件、《广东律师 30 年》典型知识产权案件等。

李素律师，牟晋军律师团队合伙人，擅长专利、商标、著作权、不正当竞争及商业秘密等知识产权领域诉讼业务，服务过包括软件、网络游戏、互联网平台、教育咨询、服装箱包、美容设备、餐饮娱乐在内的诸多行业，擅长为不同行业企业量身制定针对性的知识产权法律争议解决方案。

侵犯集成电路芯片只读存储介质 ROM 中固化的软件著作权可构成侵犯著作权罪

——罗某某等人侵犯著作权案*

陈　晨

所获荣誉

2016 年度检察机关保护知识产权十大典型案例。

案情简介

深圳市久洲集翔电子有限公司(以下简称久洲公司)法定代表人罗某某以牟利为目的,于2014 年4 月11 日以久洲公司的名义与无锡友芯集成电路设计有限公司(以下简称友芯公司)签署协议,先后出资约 40 万元并提供和芯润德公司的正版 9700USB 网卡芯片,由友芯公司法定代表人徐某、研发技术部主管朱某勇组织技术人员对正版 9700USB 网卡芯片(含上述固件程序软件)各层电路布局进行拍照,提取、分析数据信息,后将提取的代码数据、电路图等提交给和舰科技(苏州)有限公司(以下简称和舰公司),由其生产出芯片晶圆,再切割、封装为仿冒 9700USB 网卡芯片成品。截至 2015 年 5 月,和舰公司先后共生产了 112 片该假冒芯片晶圆交付给友芯公司,每片晶圆可制作成约 6500 个假冒芯片。徐某将首批 5 万个封装好的成品仿冒 9700USB 网卡芯片交付给罗某某,罗将其中的 3000 个以每个 4.5 元的价格出售给了罗开春(另案处理),其余芯片则由罗某某自行委托他人对外销售。2015 年 6 月 4 日,公安机关对罗某某住址进行搜查,现场查扣仿冒网卡成品 105 个、半成品 150 个,网卡芯片 6 包等物。

经鉴定,和芯润德公司登记号为“2015SR003215”的软件著作权的软件源

---

* 深圳市南山区人民法院(2016)粤 0305 刑初 228 号。

代码经编译生成的ROM数据与其型号为9700USB芯片的ROM数据相同，两者具有同一性。从被告人罗某某处提取的芯片ROM层与和芯润德公司芯片的ROM层数据信息相似度99.998%，友芯公司的GDS文件中ROM层信息与和芯润德公司芯片的GDS文件中ROM层信息相似度为99.998%，均只有4位数据不同（共计有13万多个数据信息位置）。

办案策略及律师工作

本案律师充分论证当事人对侵权行为的认知程度，包括在复制设计芯片时，是否在芯片当中包含有ROM中固化的软件，从而证明徐某对于固件程序抄袭本身不具有明显的主观恶意，并非故意所为。同时也充分论证了徐某对于技术人员抄袭过程当中，具体的流程的不确定性，并且在本案当中积极协调徐某进行立功，取得被害单位的谅解，配合公安机关抓捕其他案件的犯罪分子，争取徐某可以从轻或者减轻处罚，最终为徐某争取到缓刑的处理结果。

裁判要旨及结果

该案由深圳市公安局南山分局于2015年2月14日立案侦查。7月10日，深圳市南山区检察院以涉嫌侵犯著作权罪对犯罪嫌疑人罗某某批准逮捕。8月5日，公安机关抓获同案犯罪嫌疑人徐某，并在徐某配合下抓获犯罪嫌疑人朱某勇，后对该两名犯罪嫌疑人取保候审。2016年2月26日，深圳市南山区检察院对该案三名被告人罗某某、徐某、朱某勇提起公诉。其间，犯罪嫌疑人徐某、朱某勇赔偿被害单位损失，与被害单位达成和解。同年4月7日，深圳市南山区人民法院以侵犯著作权罪判处罗某某有期徒刑3年，并处罚金5万元；徐某有期徒刑2年零6个月，缓刑4年，并处罚金2万元；朱某勇有期徒刑1年6个月，缓刑3年，并处罚金1万元。被告人上诉后，深圳市中级人民法院于2016年6月3日作出驳回上诉、维持原判的终审裁判。

律师评析

（一）典型意义

该案犯罪行为是侵犯计算机软件著作权的一种新型手段，被侵犯对象是在集成电路芯片只读存贮介质ROM中固化的软件著作权，权利人将其享有著作权的软件程序复制在ROM上，从而实现芯片对外部数据的处理功能，与集成电路布图设计一起构成此种芯片的核心技术。本案的技术理论较为复杂，本案代理律师深入研究该案，最终为当事人争取到缓刑，维护了当事人的利益。

（二）法律评析

该案的权利人拥有集成电路布图设计登记证书、芯片 ROM 固体软件程序著作权以及使用该芯片制成的网卡的驱动程序著作权三种权利。当事人复制其中只读存贮介质 ROM 中固化的软件著作权，已构成著作权侵权，复制品数量超过五千份的行为已经构成侵犯著作权罪，且属情节特别严重，构成《刑法》第 217 条的侵犯著作权罪。

律师简介

陈晨律师，高级合伙人律师、专利代理师，盈科第四届全国知识产权法律专业委员会副秘书长、盈科第二届全国专利法律专业委员会副主任、上海市律师协会专业委员会委员、上海大学法学院校外导师。陈晨律师具有十年专业法律服务经验，陈律师为众多客户提供诉讼与非诉服务，主要涉及知识产权布局、知识产权侵权纠纷、公司业务合规等。尤其擅长处理企业商标布局、商标维权、商标无效、复审、撤销及对应行政诉讼等各类商标纠纷。

行政机关在处理专利侵权投诉时如何正确适用“禁止反悔”原则

——深圳市市场和质量监督管理委员会龙华市场监督管理局与维谛技术有限公司（原艾默生网络能源有限公司）专利侵权处理行政诉讼案*

王承恩　许国兴

所获荣誉

国家知识产权局“2018 年度专利行政保护十大典型案例”。

案情简介

艾默生网络能源有限公司(本案二审期间改名“维谛技术有限公司”,本文统一简称艾默生公司)于 2007 年 10 月 31 日向国家知识产权局提出了名称为“空调冷凝器(2)”的外观设计专利申请,于 2009 年 9 月 16 日获得授权,专利号为 ZL200730174830.7(以下简称涉案专利)。

艾默生公司认为深圳市英维克科技股份有限公司(以下简称英维克公司)生产、销售的两款空调冷凝器(以下简称涉案产品)侵犯了涉案专利权,于 2015 年 2 月向深圳市市场和质量监督管理委员会龙华市场监督管理局(以下简称龙华局)提交请求书,要求龙华局责令英维克公司立即停止侵犯涉案专利的行为,并于 3 月按《专利行政执法办法》第 9 条、第 10 条的规定交齐请求书及证据等全部资料。

英维克公司认为其涉案产品与涉案专利既不相同也不近似,没有落入涉案专利的保护范围,不构成侵权,并向国家知识产权局专利复审委员会(以下简称复审委)提起专利权无效宣告请求,请求宣告涉案专利无效。

---

* 广东省高级人民法院(2017)粤行终 1098 号行政判决书。

艾默生公司向复审委的答辩中,主张涉案专利与对比文件相比具有显著差异,并为复审委在第 27353 号《无效宣告请求决定书》中所接受,即"涉案专利与对比设计的上述区别涉及出风口网罩的形状,顶面的图案、侧面的形状、支撑腿的数量、支撑腿的形状……这些区别点,对于一般消费者而言,既不属于局部的细微变化,也不属于使用时不容易察觉的部位,各区别点组合在一起,对二者的整体视觉效果具有显著影响"。

而在龙华局处理艾默生公司对英维克公司的专利侵权投诉过程中,涉案专利与涉案产品同样在出风口网罩的形状、顶面的图案、侧面的形状、支腿的形状等方面存在明显差异,艾默生公司却主张被控侵权产品的整体视觉效果与涉案专利不具有实质性差异,构成侵权。

龙华局经审理认为艾默生公司违背了"禁止反悔"原则,认定涉案产品不构成侵权,并于 2016 年 3 月 25 日作出行政决定,驳回艾默生公司的全部处理请求。

艾默生公司对此决定不服,向深圳市中级人民法院提起行政诉讼,请求撤销龙华局作出的案件处理决定书,并判令重新作出处理决定,认定英维克公司制造的产品构成对艾默生公司专利权的侵害。

办案策略及律师工作

行政诉讼中的被告需要举证证明其具体行政行为在实体和程序两方面均合法,而且本案一审法院要求被告在收到起诉状副本之日起 15 日内提交答辩状及答辩证据,被告方代理人的工作量非常大。

由于答辩和举证期限短,承办律师在步骤上采取了举证期限届满之前先收集、提交证据和答辩状,随后再利用一审开庭前相对充裕的时间进行深入梳理、解读证据和细化可能的争议点答辩意见的策略。

1. 在举证期限内,承办律师代理被告方全面收集证据、并向一审法院提交了将近六百页的答辩证据,主要分为四组:

第一组:艾默生公司向龙华局请求处理专利侵权纠纷及相关证据。

第二组:涉案专利在专利复审委员会无效程序中的文档。

第三组:英维克公司提交的不构成侵权的答辩意见及相关证据。

第四组:龙华局处理本案的立案通知书,现场检查笔录、涉案产品照片、审理笔录、处理决定书等。

2. 在前述证据的基础上,承办律师起草答辩状,核心观点是龙华局在作出涉案处理决定时,认定事实清楚,适用法律正确,不支持艾默生公司提出的专利侵权主张的决定有充分的事实和法律依据。

在论证时，承办律师除了正向展示涉案产品与涉案专利的相关图片，证明在出风口网罩的形状、顶面的图案、侧面的形状、支腿的形状等方面存在明显差异，涉案产品从而不落入涉案专利的保护范围之外，还引导一审和二审的合议庭关注到艾默生公司在涉案专利被请求宣告无效的答辩意见中关于“涉案专利与对比设计的上述区别涉及出风口网罩的形状，顶面的图案、侧面的形状、支撑腿的数量、支撑腿的形状……这些区别点，对于一般消费者而言，既不属于局部的细微变化，也不属于使用时不容易察觉的部位，各区别点组合在一起，对二者的整体视觉效果具有显著影响”的观点和相关证据，从艾默生公司违反专利侵权判定中的“禁止反悔”原则的角度，进一步强化龙华局作出被诉行政决定的合法性及合理性。

3. 承办律师为便于合议庭高效查明案情，通过制作各种图表，以可视化形式展示涉案事实。

包括将涉案专利与两款涉案产品的设计进行左右对照比对，以及通过图片演示第三人英维克公司在被投诉侵害艾默生公司涉案专利时，所提供的说明空调冷凝器产品外观演变历史及惯常设计的资料等，让一审和二审法院能够更了解涉案产品所处行业的外观设计专利情况。

裁判要旨及结果

一审法院归纳本案的争议焦点并分析如下：

1. 涉案产品的外观与原告涉案外观设计专利是否构成近似，即是否落入涉案专利权保护范围？

一审法院认为将涉案产品与涉案专利进行比对，二者在主体、出风口、支撑腿等结构上基本相同，但在顶面出风口罩的图案、侧面的形状、支撑腿的形状以及使用状态等方面具有较为明显的区别。由于对于空调冷凝器产品而言，各构成部分相对简单，在长方体主体加出风口、支撑腿的情形下，上述不同之处，对于消费者判断整体外观设计具有更加显著的影响，足以使二者在整体视觉效果上形成实质性差异，龙华局认定涉案产品未落入涉案专利权的保护范围，并不属于事实认定不清或法律适用错误。

2. 龙华局作出的涉案处理决定书证据是否确凿充分？

首先，在两次行政处理口审中，艾默生公司和英维克公司分别对对方提交的证据发表了质证意见。艾默生公司认为龙华局没有对双方提交的证据进行一一质证,与事实不符。

其次,龙华局在涉案处理决定书中已经充分阐述了其认定英维克公司侵权行为不成立的理由和依据,并驳回艾默生公司的请求。且龙华局作出被诉行政决定所依据的证据在口审质证中艾默生公司和英维克公司均表示没有异议,对英维克公司制造、销售了涉案产品这一事实,艾默生公司和英维克公司亦予以了确认,没有提出异议,上述证据和事实属于双方当事人无争议的证据和事实,在《处理决定书》可以不予阐述,龙华局的做法符合法律和法规的规定。故艾默生公司认为《处理决定书》中没有对证据一一论述以及对英维克公司制造、销售了涉案产品这一事实没有认定而主张龙华局程序违法的理由,缺乏事实和法律依据。

一审法院认定龙华局作出涉案处理决定书认定事实清楚,适用法律正确、程序合法,驳回艾默生公司的全部诉讼请求。

艾默生公司不服一审判决,向广东省高级人民法院提起上诉,法院在二审程序中再次对龙华局作出的涉案行政决定进行全面审查。

二审法院就龙华局作出的涉案行政决定是否合法分析如下:

首先,关于龙华局作出被诉决定的程序是否合法。二审法院从立案期间是否超过法定期限、处理过程中止的期间是否合法、被诉行政决定处理期间是否超出法定期限三个方面进行审核,认为均为合法。

其次,关于涉案行政决定认定的事实是否有证据支持。二审法院认为,专利复审委员会第 27353 号《无效宣告请求决定书》维持涉案专利权有效的理由为:"对于空调冷凝器产品而言,其基本组成结构大都包含主体、出风口金属网罩、以及支腿,在实现基本的功能的基础上,各部位的形状有较多的设计变化,一般消费者会对各部位的具体形状较为关注。涉案专利与对比设计的上述区别涉及出风口网罩的形状,顶面的图案、侧面的形状、支撑腿的数量、支撑腿的形状等,这些区别并无证据表明属于惯常设计,因此合议组对请求人认为属于惯常设计的主张不予支持。这些区别点,对于一般消费者而言,既不属于局部的细微变化,也不属于使用时不容易察觉的部位,各区别点组合在一起,对二者的整体视觉效果具有显著影响,因此,涉案专利与对比设计既不相同也不近似。"因此,龙华局不把比对重点放在空调冷凝器实现基本的功能的基本组成结构,即主体、出风口金属网罩、支腿上,而是重点关注各部位的形状的设计变化,比对方法无误,得出的结论并无明显不当。

综上,二审法院经审查认为,龙华局根据《专利法》第60条等法律法规作出涉案行政决定,适用法律法规并无不当,依法应予支持。据此驳回了艾默生公司的上诉,维持一审判决。

律师评析

(一)典型意义

该案经历了专利侵权纠纷行政裁决、专利无效宣告、行政诉讼一审及二审全部流程,前后历时3年多,最终行政机关的决定得到人民法院的支持。在该案处理中,深圳市市场监督管理局龙华监管局的执法人员敏锐发现请求人在无效宣告和行政裁决程序中的主张自相矛盾,依法适用专利侵权判定中的"禁止反悔"原则,对案件作出正确处理,充分体现了行政执法部门的专业能力。

(二)法律评析

"禁止反悔"原则是判定是否构成侵害专利权时非常重要的考量事项。如果权利人在专利申请审查时为了获得授权,或者在无效程序中为了维持专利有效,而对权利要求的范围进行了限制性的修改或解释,那么专利权人在后续主张他人侵害其专利权时,就不能违反此前的表述,将原先权利要求中已经放弃了的内容重新纳入专利权的保护范围。

正因为存在"禁止反悔"原则,专利案件中被告方的代理人应当仔细阅读涉案专利档案,查看在申请涉案专利时,申请人是否曾对权利要求的保护范围作出过明确的限缩,还可以对涉案专利提起无效请求,争取利用无效程序迫使专利权人对权利要求的保护范围进行明确限缩,从而让被控侵权产品并不会落入权利要求的保护范围。

《最高人民法院关于审理侵犯专利权纠纷案件应用法律若干问题的解释》第6条规定:专利申请人、专利权人在专利授权或者无效宣告程序中,通过对权利要求、说明书的修改或者意见陈述而放弃的技术方案,权利人在侵犯专利权纠纷案件中又将其纳入专利权保护范围的,人民法院不予支持。

由此,人民法院与行政执法部门在处理专利侵权案件时,就有了适用"禁止反悔"原则的具体法律依据。

律师简介

王承恩律师,西南政法大学法学学士、中山大学民商法硕士。原创维集团知识产权负责人，现任盈科律师事务所第四届全国知识产权法律专业委员会主任，北京市盈科（深圳）律师事务所第四届管委会委员、知识产权法律事务部主任、高级合伙人。入选工信部工业和信息化领域知识产权专家库、深圳市市场监督管理局知识产权专业委员会专家、长沙市知识产权局维权援助专家库专家、中南财经政法大学知识产权研究中心兼职研究员。

许国兴律师，加入北京市盈科（深圳）律师事务所之前，曾先后在顺天达专利商标代理有限公司从事专利、商标代理工作，在美的集团总部法务部担任派驻事业部 IP 中心负责人，负责事业部知识产权的统筹和管理工作，在 TCL 集团知识产权中心担任专责主管，负责集团部分公司的知识产权管理工作。具有十多年的知识产权实践经验，精通企业知识产权保护及维权，尤其擅长专利、商标、著作权、商业秘密等相关知识产权法律事务的处理。

中国企业“走出去”后应对海外诉讼的全新思路

——国内某科技公司对美国某公司提起反垄断调查申请案*

王俊林

所获荣誉

入选司法部司法行政(法律服务)案例库。

案情简介

国内某科技公司(以下简称国内公司)在进行大规模海外业务拓展的过程当中,遭遇美国某科技公司(以下简称美国公司)的多重打击,后者先后在美、英、法、德等国家以侵犯专利权为由对国内某科技公司发起了多起诉讼,正处于快速成长阶段的国内公司难以应对美国公司发起的多起诉讼,且一旦败诉有面临破产的危险。

美国公司是在美国某州注册从事某科技业务的经营者。其在上海、广州、成都、武汉设立的分公司皆为美国某公司在中国的全资子公司。该公司自20世纪90年代进入中国市场以来,凭借其拥有的某项技术标准及强大技术团队和雄厚财力,迅速占领了中国某科技市场50%以上的份额,从而在中国某科技市场中成为具有市场支配地位的经营者,并通过实施了一系列滥用市场支配地位的行为,打击、排挤竞争对手,获取高额垄断利润,排除、限制了正常竞争秩序,其行为背离了法律、法规及商业道德底线。

国内公司果断决定向中国反垄断执法机构提起反垄断调查申请,迫于中国

---

* 因该案未曾公开且涉及两家公司商业秘密,公司名称及涉及的计算机软件领域等信息采取了保密措施。

反垄断执法机构近年来在反垄断执法领域的威慑力及可能面临的反垄断处罚，在相关市场占有绝对支配地位的美国公司不得不作出妥协和让步。

承办律师受当事人的委托在国内向美国公司提起反垄断调查，以遏制美国公司对其的强势打击。经过长达6个月的调查取证工作后，代理律师代为向我国反垄断执法机构提交了一份事实清楚、证据确实充分的《反垄断调查申请书》及400多页的证据材料。给美国公司造成了巨大的压力，最终，双方在美国达成“一揽子”和解协议，两家公司经过长达3年多的较量后终于握手言和。

法律分析

（一）关于美国公司在相关市场是否具有支配地位

1. 相关市场的界定

根据《国务院反垄断委员会关于相关市场界定的指南》（以下简称《指南》）第3条的规定：“相关市场是指经营者在一定时期内就特定商品或服务（以下统称商品）进行竞争的商品范围和地域范围。”相关市场包含了相关商品市场和相关地域市场，前者反映的是不同经营者生产的商品或提供的服务本身是否具有竞争关系，后者反映的是商品或服务在怎样的地域范围内发生竞争关系。

美国公司所拥有的计算机某领域软件又可以细分计算机软件一和计算机软件二两种软件。就本案来说，计算机软件二可以构成一个独立的相关产品市场。

在美国公司所拥有的计算机某软件领域，计算机软件一和计算机软件二产品的区别很大，使用上缺乏相关性，需求替代性可能偏低，消费者不大可能把计算机软件一看作能够满足他们需求的替代品，由于替代的非对称性，计算机软件一与计算机软件二并不处于相同的相关市场中。虽然计算机软件二的存在可能对假定的计算机软件一垄断者构成微弱的竞争，但是该竞争不可能从实质上限制该假定垄断者的行为。根据《指南》第3条的规定，计算机软件一与计算机软件二相比，具有自身的特性、用途及价格因素，不同版本和行业的同类计算机软件之间具有较为紧密替代关系，可以构成一个独立的相关商品市场。

中国计算机软件二生产及服务可以构成相关地域市场。根据《指南》第9条的规定，对相关地域市场进行界定时，需要考虑“多数需求者选择商品的实际区域”“主要经营者商品的销售分布”，以及“特定区域需求者偏好”等。由于中国计算机软件二生产及服务市场已经形成，且受语言偏好和产品使用习惯及产品成本等因素决定，需求者获取具有较为紧密替代关系的商品的地理区域在中国,因此,本申请案相关市场中的地域范围应界定为中国(不含港、澳、台地区)。

2. 美国公司在中国计算机软件二生产及服务相关市场具有支配地位

第一,美国公司在本案相关市场中占居较高的市场份额。根据美国公司官方网站公布的内容:美国公司是全球最大的计算机软件二生产及服务公司,且显示数据显示,美国公司在2013年中国计算机软件二市场份额超过60%。根据我国《反垄断法》第19条的规定,可以推定美国公司在中国计算机软件二生产及服务相关市场具有支配地位。

第二,美国公司在本案相关市场上具有强大的控制能力,其他经营者对其具有较强的依赖性。

首先,美国公司在技术上处于世界领先水平,其他经营者难以超越。美国公司所拥有的该种计算机软件二成为该种软件的事实标准格式。其申请专利的各项指标均大幅领先国内其他同行业公司,因此,美国某科技公司可以通过专利布局,有效提高价格,排除相关市场内的竞争。

其次,美国公司拥有庞大的用户群,且用户对其产品存在较大的黏附性。美国公司在中国的计算机软件二市场份额接近70%,成为中国计算机软件二市场的巨擘。

第三,其他经营者难以进入相关市场。

首先,美国公司拥有强大的财力支持,有能力采取灵活的竞争性经营战略,阻碍竞争对手的进入、发展与壮大。

其次,美国某科技公司特有的产品组合构成进入和拓展壁垒。就某种程度上而言,因为消费者认为美国公司的计算机软件二市场和服务与其他竞争对手的产品和服务有区别,竞争对手可能发现他们的产品难以吸引计算机软件二的市场用户,从而拓宽市场占有率,这也进一步增强了美国公司的市场支配力。从2013年美国公司在中国的净利润数来看,其他经营者进入市场时的规模相对较小,远远少于美国公司同期收入。

最后,如前所述,由于美国公司用户群庞大,其他潜在竞争者难以进入相关市场,即便进入也难以形成有效竞争。尽管美国公司的产品价格与同类产品相比价格超出一倍还要多,但其在中国的市场份额却依然坚守。这一现象表明:美国公司的竞争对手很难抢走其市场份额,这个市场中的拓展壁垒偏高。此外,美国公司即便降低产品及服务质量,但其用量不受影响说明美国公司可以自由运作,不顾及损失客户的威胁,这构成美国公司在中国计算机软件二市场具有支配地位的直接证据。

综上所述,美国公司在中国计算机软件二相关市场占据50%以上的市场份额,具有较强的控制能力,其他经营者对其也产生较强的依赖性,且难以进入该市场并与之形成充分、有效竞争。根据我国《反垄断法》的相关规定,申请人认为,美国公司在中国计算机软件二市场及服务相关市场具有市场支配地位。

(二)美国公司是否存在滥用行为,且该种行为是否排除、限制了正常竞争秩序

根据《中华人民共和国反垄断法》第17条的规定,"禁止具有市场支配地位的经营者从事下列滥用市场支配地位的行为:……(三)没有正当理由,拒绝与交易相对人进行交易……(五)没有正当理由搭售商品,或者在交易时附加其他不合理的交易条件……"

美国公司实施了不合理交易条件行为、拒绝交易行为,已严重阻碍到国内计算机软件二行业的技术创新和自由竞争。

美国公司于20世纪80年代初取得版权开始使用计算机软件二文件格式,该格式是已成为事实上的行业标准,很多其他厂商为了兼容该格式标准,也直接使用该格式作为默认工作文件,多年以来,美国公司利用该格式标准这张"王牌",滥用市场支配地位,具体表现为:

1. 美国公司封闭该格式标准附加不合理交易条件

美国公司在出售需要授权的读写技术开发包时,将其他厂商排除在合作关系之外;同时,对产品适用对象,美国公司作了事实上的限制,如授权的对象所开发的产品不能与美国公司竞争,在购买产品授权的申请表中,美国公司要求购买者提供非常详尽的资料以确保其能判断出购买者是否为竞争对手,以及是否会生产出与美国公司的产品形成竞争的产品。

2. 美国公司封闭该格式标准实施拒绝交易行为

美国公司针对竞争对手封闭该格式标准。美国公司只对少数合作伙伴公开了该数据格式,从未授权给自己的竞争对手,这样,没有合作关系的其他公司无法解析该格式文件。不仅如此,为了保持其在行业的领先优势和霸主地位,美国某科技公司每3年会升级其文件格式,给试图解析该格式文件以实现兼容的企业带来无穷的麻烦,许多企业只好望而却步。

美国公司利用该格式标准，滥用知识产权。众多企业为了生存，希望较好地兼容该格式文件以迎合市场和用户的需求，为此，产生了专门研究该标准兼容的组织。且自从该组织成立后，美国公司就发起了多起有针对性的诉讼，以阻止其他企业对其提供的服务的研究和破译，但由于美国公司在计算机软件二市场领域的垄断地位，使得美国政府做出有利于其他组织的裁决，允许其他组织继续针对美国公司的产品进行相关的研究和破译。

为阻止、打击竞争对手的发展，美国公司在美国、英国、法国、德国等国家向本案申请人发起多起诉讼，其诉讼所依据的理由之一就是认为，被诉人为保持与该标准兼容性所作的研究性工作（包括对标准格式的研究等）侵犯了其知识产权等。

律师点评或建议

（一）案件点评

本案历时一年半，其中，调查取证工作耗时长达6个多月的调查取证工作，并最终形成了长达34页的调查《申请书》和大约60多份证件及补充证据。《申请书》及证据着重从美国某科技公司在中国计算机软件二生产及服务相关市场具有支配地位；封闭格式标准，实施不合理交易条件行为、拒绝交易行为，已严重阻碍到国内计算机软件二市场行业的技术创新和自由竞争这两个方面进行了严密的论证和说明，请求执法机构除了责令美国公司及其在华关联子公司停止一系列滥用市场支配地位的违法行为外，另请求没收违法所得，并处上一年度销售额10%的处罚。

承办律师通过向我国反垄断执法机构提起反垄断调查的办案思路，取得了与对手谈判的重要砝码，最终促成与美国某公司在海外对其提起的系列诉讼案达成“一揽子”和解协议。这充分体现了我国《反垄断法》在本案中的作用和意义；也再次表明，中国企业在应对海外诉讼时，如果条件具备应该果断拿起这部法律来维护自己的权益。

（二）结语及建议

1. 在办理涉及认定被申请人滥用市场支配地位的案件中，进行必要的经济学分析是不可或缺的。

本案中，我们在收集到的大量证据中，兼顾数据的收集、分析和统计，并在此基础上通过曲线图、柱形图、饼图等方式对被申请人在相关市场所占有的份额、区域分布、利润增长幅度等相关情况进行说明，增加了说服力；尤其是获取到在相关领域权威机构的数据，增加了相关数据的可信度，为执法机关作出判断提供了良好的铺垫。

2. 我们还认为，证据收集及对收集证据的分析、归纳、整理并对相关行为进行法律界定是律师办理本案的重中之重。

这将充分体现律师在相关法律领域的实务经验及理论水平。正是因为我方已经收集并掌握了大量的具有说服力的证据，并在此基础上进行了逻辑推理严密、论证确实充分的法理分析，得到了执法机构的认可，同时，也让对手心悦诚服，进而使得美国某科技公司不得不作出让步和妥协。因此，在办理涉及反垄断领域相关案件时，律师应该把证据收集，尤其是涉及认定相关市场的数据证据的收集放在首要位置，只有在获取大量确实充分的证据的基础之上，律师才能根据证据展开周密的法理分析，最终才能抓住案件的核心，击中对手的要害，形成有效的打击，取得良好的办案效果。

律师简介

王俊林律师，现为北京市盈科律师事务所高级合伙人，盈科律师事务所第三届全国反垄断与反不正当竞争法律专业委员会主任。社会职务包含：北京市律协竞争与反垄断专业委员会副主任，中国国际贸易促进委员会、中国国际商会调解中心《CEPA 投资协议》投资争端调解员，中国世界贸易组织研究会（CWTO）竞争政策与法律专业委员会（PCCPL）专家顾问，国际商会中国国家委员会反垄断专业委员会委员，国际商会中国国家委员会企业责任与反腐败专业委员会委员，中华人民共和国交通运输部法律顾问，中国欧洲经济技术合作协会法律顾问，中国行为法学会会员，石家庄仲裁委员会仲裁员，2018 年入选司法部千名涉外律师名录，2020 年入选北京市律师协会涉外律师人才库。王律师的主要执业领域为反垄断与不正当竞争法。业务范围包括经营者集中申报；垄断协议、滥用市场支配地位及不正当竞争行为的分析及抗辩；反垄断民事诉讼；知识产权滥用及企业合规管理。承办的案件涉及美国、欧盟等跨国公司和中国大型企业，产业涵盖大型零售、机械制造、IT、食品、医药、汽车、日化、建材和能源等领域。著有《反垄断法案例评析》一书（副主编，对外经济贸易大学出版社 2012 年 6 月出版），《竞争法：规则与案例（第 1 辑）》（合编，法律出版社 2016 年 10 月出版），发表专业学术论文 20 多篇。

消除反垄断局对限制竞争的担忧，快速通过反垄断审查

——上海宝钢气体有限公司与上海华谊能源化工有限公司、中盐安徽红四方股份有限公司新设合营企业经营者集中反垄断审查申报案

王俊林

所获荣誉

入选司法部司法行政(法律服务)案例库。

案情简介

上海宝钢气体有限公司(以下简称宝钢气体)、上海华谊能源化工有限公司(以下简称华谊能化)和中盐安徽红四方股份有限公司(以下简称中盐红四方)三方拟在安徽省合肥市循环经济示范园同时设立两家合资公司，分别为安徽宝宏工业新气体有限公司(暂定，以工商登记注册为准，以下简称 JV1)和安徽华方工业新气体有限公司(暂定，以工商登记注册为准，以下简称 JV2，JV1、JV2 以下合称合资公司)。

合资公司成立后，拟收购和运营中盐红四方一期合成气装置(JV1 拟收购气化、变换、空分、低温甲醇洗装置；JV2 拟收购液氮洗、硫回收装置)，上述装置为整个合成气生产工序中的前后两个不同生产环节所需的装置。

各方为同一经营产品新设立两家合资公司的目的在于发挥各自在专业技术及管理上的优势，同时，设立两家合资公司也为宝平能源、华谊能化对于合资公司合并各自财务报表所需(JV1 由宝平能源合并财务报表，JV2 由华谊能化合并财务报表)。

其中，安徽宝宏工业新气体有限公司(暂定，以工商登记注册为准)的主要业务为生产合成气产品(直接供给中盐红四方的“中盐合肥化工基地一期 28

万吨/年合成氨系列产品项目”)，本次集中后，宝钢气体、华谊能化和中盐安徽红四方将分别持有安徽宝宏工业新气体有限公司40%、40%和20%的股权。

两家新设合资公司成立后，将充分发挥自身优势，采用先进的生产技术和现代化的管理方法，提高产品质量和生产效率，降低生产成本，使投资各方获得满意的经济回报。

争议焦点

对相关市场的界定及集中对相关市场竞争的影响是本案的焦点问题，承办律师围绕该两个问题提出了详尽、周密、准确的分析意见，消除了商务部反垄断局对两起集中案可能产生排除、限制竞争的担忧，是本案顺利、快速通过审查的主要原因，而对相关市场的竞争分析恰恰是办理经营者集中反垄断申报案件的关键和难点所在。

律师代理思路

机会和时间和是合营双方成立合营企业的生命线，快速通过经过商务部反垄断局的经营者集中反垄断审查能够为企业争取这样的交易机会和时间，更能够为企业双方节省不必要的支出，历来为企业对承办律师所恳望和要求。如何快速通过商务部反垄断的审查，除了提交能够消除反垄断局对竞争的担忧的数据、企业基本材料以外，在相关市场界定及集中对相关市场竞争影响方面提出详尽、周密、准确的分析意见至关重要。本案在办理整个过程中，承办律师通过对已经收集材料的梳理，将力量集中于《相关市场界定及理由》和《集中对相关市场竞争的影响》这两份法律文件的起草和修改当中，并引入了大量有说服力的数据，运用经济学原理，兼顾《反垄断法》中关于对相关市场界定进行竞争分析的法律原理，通过该两份法律文件，充分展示了盈科反垄断律师团队较强的专业能力和严谨的工作作风，消除了商务部反垄断局对两起集中案关于可能产生排除、限制竞争的担忧，从而顺利通过反垄断审查，同时也赢得了当事人及办案机关的好评。

案件结果概述

商务部反垄断局决定，对华宜能化、宝钢气体和中盐红四方新设合营企业案不实施进一步审查，可以实施集中。

相关法律规定解读

一、关于相关交易是否构成经营者集中，是否达到申报标准问题

根据《国务院关于经营者集中申报标准的规定》第2条的规定，相互独立的企业间合并、一个经营者取得其他经营者的资产或者股权或通过合同约定或人事合并等方式取得对其他经营者的决定性影响力等，如果涉及控制权的变化则通常可能构成集中。实践中，设立合营企业（不论是新设合营企业还是在既有企业基础上通过交易形成合营企业）均可能构成经营者集中。

根据《国务院关于经营者集中申报标准的规定》第3条、第4条的规定，在我国，经营者集中申报采用的是营业额标准。如经营者集中没有达到第3条规定的营业额标准，但按照规定程序收集的事实和证据表明该经营者集中具有或者可能具有排除、限制竞争效果的，反垄断局有权依法进行调查。同时，对于未达到申报标准的经营者集中，参与集中的经营者也可以自愿提出申报，由反垄断局按照《反垄断法》的规定进行立案审查和决定。

二、如何界定相关市场

根据《国务院反垄断委员会关于相关市场界定的指南》第3条的规定，"相关市场是指经营者在一定时期内就特定商品或服务（以下统称商品）进行竞争的商品范围和地域范围。"相关市场包含了相关商品市场和相关地域市场，前者反映的是不同经营者生产的商品或提供的服务本身是否具有竞争关系，后者反映的是商品或服务在怎样的地域范围内发生竞争关系。

（一）相关产品市场的界定

就本次集中而言，合成气业务可以构成一个相对独立的相关产品市场，没有必要再做进一步细分，主要理由如下：

1. 主要客户群体、需求结构类似

虽然使用不同原料和生产工艺产生的合成气产品所含一氧化碳（或氨）和氢气的组成比例有所不同，但其可以比较方便地根据不同经营者的产品/市场定位和最终用户多样化需求而进一步调整组分。合成气产品所面向的客户群体和需求结构比较类似，主要包括化工、能源行业中的合成氨、甲醇、煤制油等具体应用领域；其中，合成氨和甲醇是最常见的应用，前者可以进一步生产尿素等化肥产品，后者则可以进一步生产各类烯烃。另一方面，一旦确定具体应用行业，经营者生产的合成气业务产品所面向的主要客户群体和需求结构就会基本确定，并在项目运行期

间内基本保持稳定。例如,在本次集中由合资公司生产的合成气等原料产品直接专供给中盐红四方"中盐合肥化工基地一期28万吨/年合成氨系列产品项目"。

2. 业务模式和竞争结构相似

目前国内合成气的业务模式主要为通过管道进行一对一或有限区域范围内的一对多供气。不同合成气业务经营者之间的竞争非常充分,经常就同一招标项目开展竞标。

3. 供应结构相似、供给替代明显

由于最终客户对使用不同原料和生产工艺的合成气产品的需求存在高度替代性,目前市场上的主要经营者通常不会仅限于使用单一原料或工艺来生产合成气,而是会同时使用多种类型的原料及工艺进行生产。从供应的角度来看,从供应某一组成比例的合成气产品转向供应其他组成比例的合成气产品所需的成本很小;而经营者从使用某种类型原料或生产工艺生产合成气转而使用其他类型原料或生产工艺可能需要一定的资金、技术、人力等资源投入,但出于客户群体需求及充分利用既有资源等考虑,经营者通过设备改造、自行开发、技术许可或转让等方式转而使用其他原料和生产工艺进行合成气生产的情形也不罕见。

(二)相关地域市场的界定

就本次集中而言,与本次集中相关的合成气业务没有必要另行单独界定区域市场进行竞争分析。理由如下:

1. 合成气业务不会增加在相关市场的市场份额

由于各方合资是基于中盐红四方"中盐合肥化工基地一期28万吨/年合成氨系列产品项目"对合成气的需要为核心目标,而合资公司选择安徽合肥作为合资公司的生产场地缘于中盐红四方特殊的区位优势(均在合肥),各方组建合资公司的目在于就近低成本的解决中盐红四方"中盐合肥化工基地一期28万吨/年合成氨系列产品项目"对合成气的需求,而由于合资公司生产的合成气为内供,不会增加在合成气在竞争市场的市场份额。

2. 合成气业务不会参与合成气业务的市场竞争

在各方合资之前,中盐红四方自产合成气为内供,不对外销售,因此,没有参与合成气业务的市场竞争;合资公司成立后,其生产的合成气单独供应合资方中盐红四方"中盐合肥化工基地一期28万吨/年合成氨系列产品项目",也不对外销售,因而也不参与合成气业务的市场竞争,对原有的市场份额变化没有影响,尽管可能在产能上有较大的提高,但对在该地区业已形成的竞争格局没有影响。

综上,相关市场的界定比较复杂,需要以大量事实和数据作为界定的依据,所界定的相关市场既要符合事实情况,也要符合逻辑判断和法律规定。在实务中,对相关市场界定不清时,可通过与商务部反垄断局的商谈确定。

在经营者集中案件申报中,只有准确界定相关市场,才可能准确计算出参与集中的经营者在该相关市场的市场份额。虽然市场份额并非商务部审查经营者集中案件时唯一考虑的因素,根据《关于评估经营者集中竞争影响的暂行规定》,商务部审查时会考虑市场份额、对市场的控制力、市场集中度、对技术进步的影响、对消费者和其他经营者的影响、对国民经济的影响等方面因素。

但是,市场份额是经营者集中对竞争影响的最直观也是最重要的判断依据,因此界定相关市场、计算经营者在相关市场的市场份额是经营者集中申报材料中最核心的部分。

案例评析

本案在三个月的时间内,承办律师收集、分析、整理了大量的申报材料,并据此向商务部反垄断局提交了《相关市场界定及理由》和《集中对相关市场竞争的影响》等极具说服力的申报材料,得到了该局的认可,并同意按照简易程序批准了两起集中案。团队律师严谨、认真、高效的工作获得了委托单位的赞许。其中值得提及的是,承办律师在对相关市场界定及集中对相关市场竞争影响方面提出详尽、周密、准确的分析意见,消除了商务部反垄断局对两起集中案可能产生排除、限制竞争的担忧,是本案顺利、快速通过审查的主要原因,而对相关市场的竞争分析恰恰是办理经营者集中反垄断申报案件的关键和难点所在。

结语和建议

第一,我们认为,在办理涉及经营者集中反垄断审查案件中,进行必要的经济学分析是不可或缺的。

本案中,我们在收集到的大量证据中,兼顾数据的收集、分析和统计,并在此基础上通过曲线图、柱形图、饼图等方式相关市场份额、区域分布、等相关情况进行说明,增加了说服力;尤其是获取到在相关领域具权威机构的数据,增加了相关数据的可信度,为商务部反垄断局作出判断提供了良好的铺垫。

第二,我们认为,材料收集,对收集材料的分析、归纳、整理及对为收集相关材料划定范围、列出时间表并且严格按照划定的范围和时间表去执行能够提高办案效率。

这将取决于承办律师对案件核心点的判断,如果能够快速、准确把握案件审查的核心点,就能够准确划定材料收集的范围,避免重复工作浪费时间。

第三,我们认为,严谨细致的工作态度和良好的《反垄断法》理论基础为填写好《经营者集中反垄断审查申报表》和拟定《相关市场界定及理由》及《集中对相关市场竞争的影响》等所必需。

填写《经营者集中反垄断审查申报表》是一件需要耐心的工作,同时也需要律师具备严谨细致的工作态度,否则,其填写的内容将难以符合反垄断局的要求,甚至出现填写的内容不统一、前后矛盾的现象;拟定《相关市场界定及理由》及《集中对相关市场竞争的影响》这两份法律文书,除了需要律师对收集的材料非常熟悉之外,还需要律师具有高度的概括能力和良好的《反垄断法》理论基础,能够紧密结合相关法律、法规的规定,言简意赅的表达出代理律师的观点,从而消除商务部反垄断局可能产生排除、限制竞争的担忧,顺利、快速通过审查。

律师简介

王俊林律师,现为北京市盈科律师事务所高级合伙人,盈科律师事务所第三届全国反垄断与反不正当竞争法律专业委员会主任。社会职务包含:北京市律协竞争与反垄断专业委员会副主任,中国国际贸易促进委员会、中国国际商会调解中心《CEPA 投资协议》投资争端调解员,中国世界贸易组织研究会(CWTO)竞争政策与法律专业委员会(PCCPL)专家顾问,国际商会中国国家委员会反垄断专业委员会委员,国际商会中国国家委员会企业责任与反腐败专业委员会委员,中华人民共和国交通运输部法律顾问,中国欧洲经济技术合作协会法律顾问,中国行为法学会会员,石家庄仲裁委员会仲裁员,2018 年入选司法部千名涉外律师名录,2020 年入选北京市律师协会涉外律师人才库。
王律师的主要执业领域为反垄断与不正当竞争法。业务范围包括经营者集中申报;垄断协议、滥用市场支配地位及不正当竞争行为的分析及抗辩;反垄断民事诉讼;知识产权滥用及企业合规管理。承办的案件涉及美国、欧盟等跨国公司和中国大型企业,产业涵盖大型零售、机械制造、IT、食品、医药、汽车、日化、建材和能源等领域。著有《反垄断法案例评析》一书(副主编,对外经济贸易大学出版社 2012 年 6 月出版),《竞争法:规则与案例(第 1 辑)》(合编,法律出版社 2016 年 10 月出版),发表专业学术论文 20 多篇。

“撤三”案件中，指定时间之外形成的证据对案件证明目的具有佐证作用

——石家庄国大集团有限责任公司诉国家知识产权局撤销复审行政纠纷案*

成立辉　王　凤

所获荣誉

入选司法部司法行政(法律服务)案例库。

案情简介

原告石家庄国大集团有限责任公司(以下简称国大公司)是第1085831号“国大”商标的持有人,该第1085831号“国大”商标于1996年5月24日申请,1997年8月21日被核准注册,核定使用在第42类餐馆、咖啡馆、住所等服务上。因第三人大连金地知识产权代理有限公司提出撤销申请,被告国家工商行政管理总局商标评审委员会(以下简称商评委)作出商评字[2018]第133559号《关于第1085831号“国大”商标(简称诉争商标)撤销复审决定》,将国大公司持有的第1085831号“国大”商标予以撤销。国大公司不服商评委的商评字[2018]第133559号决定,将商评委诉至北京知识产权法院。

原告国大公司称,在案证据可以证明诉争商标在指定期间内在其核定使用的服务上进行了公开、真实、合法的使用。请求法院撤销被诉决定,判令被告重新作出决定。

被告辩称,被诉决定认定事实清楚,适用法律正确,程序合法,请求法院驳回原告的诉讼请求。

第三人述称,同意被诉决定,请求驳回原告的诉讼请求。

---

* 北京知识产权法院(2018)京73行初9526号行政判决书。

法院认为,本案的争议焦点为诉争商标于指定期间内在其核定使用的餐馆、咖啡馆、住所服务上是否进行了真实、合法、有效的商业使用。本案中,原告在行政阶段提交的证据1至证据5均系复印件,在无原件可供核实的情况下,真实性难以确认。原告在诉讼阶段补充提交的证明6表明原告将诉争商标许可给石家庄国大御温泉度假村有限公司使用,故该公司的相关使用证据应予考虑。证据8、9表明前述被许可人通过温泉度假村的形式,向相关公众提供住宿和餐饮服务,证据10虽在指定期间之外,但其进一步佐证了被许可人建设温泉度假村的过程。综上,在案证据能够证明诉争商标在核定使用的"住所、餐馆"服务上进行了实际使用,其在上述服务上的注册应予维持。同时,鉴于"咖啡馆"与"住所、餐馆"构成类似服务,故诉争商标在"咖啡馆"服务上的注册亦应予以维持。被诉决定对此认定有误,本院予以纠正。

办案策略及律师工作

办案策略:商标"撤三"是指已经注册的商标没有正当理由连续3年不使用而被他人依法提出撤销商标申请的注册商标撤销处理程序。按照举证责任分配的一般原则,对注册商标尽到使用义务的举证责任由商标权人承担,撤销申请人对其反驳理由承担举证责任。故在商标"撤三"中,证据如何使用,以及能否形成完整的证据链是证明该注册商标于指定期间内在其核定使用的商品或服务上是否进行了真实、合法、有效的商业使用的关键。由此本案能够证明第1085831号"国大"商标于指定期间内在其核定使用的餐馆、咖啡馆、住所服务上是否进行了真实、合法、有效的商业使用,是本案的难点所在也是本案胜诉关键。

律师出示以下证据:原告与石家庄国大御温泉度假村有限公司签订的商标使用许可协议,显示使用许可期限为2007年1月1日至2026年12月31日,表明原告将诉争商标许可给石家庄国大御温泉度假村有限公司使用。国御温泉度假小镇有限公司开具的餐费及住宿费发票、(2018)冀石燕证民字第09023号公证书,公证内容为百度搜索的有关国大御温泉的相关新闻报道,包括2015年1月7日来源于《燕赵晚报》的报道、2015年9月29日来源于中国日报网的报道、2016年9月23日来源于《石家庄日报》的报道等报道中均介绍了"国大御温泉",再次表明前述被许可人通过温泉度假村的形式,向相关公众提供住宿和餐饮服务。显示时间为2007年至2008年的8份报纸对"国大御温泉小镇"项目建设的报道,进一步佐证了被许可人建设温泉度假村的过程。由此通过以上证据的展示充分证明诉争商标存在真实、有效的商业使用，并且形成了完整的证据链，同时诉争商标核定使用的"咖啡馆"与"住所、餐馆"构成类似服务，即复审商标自核准之日至今一直从未间断使用。在案证据可以证明诉争商标在指定期间内在其核定使用的服务上进行了公开、真实、合法的使用。律师据此请求法院撤销被诉决定，判令被告重新作出决定。

裁判要旨及结果

裁判要旨：本案的争议焦点为诉争商标于指定期间内在其核定使用的餐馆、咖啡馆、住所服务上是否进行了真实、合法、有效的商业使用。根据《商标法》第48条规定，本法所称商标的使用，是指将商标用于商品、商品包装或者容器以及商品交易文书上，或者将商标用于广告宣传、展览以及其他商业活动中，用于识别商品来源的行为。第49条第2款规定，注册商标成为其核定使用的商品的通用名称或者没有正当理由连续3年不使用的，任何单位或者个人可以向商标局申请撤销该注册商标。商标局应当自收到申请之日起9个月内做出决定。有特殊情况需要延长的，经国务院工商行政管理部门批准，可以延长3个月。

本案中，虽然原告在行政阶段提交的证据1至证据5均系复印件，在无原件可供核实的情况下，真实性难以确认。但原告在诉讼阶段补充提交的证明6表明原告将诉争商标许可给石家庄国大御温泉度假村有限公司使用，故该公司的相关使用证据法院予以考虑。证据8、9表明前述被许可人通过温泉度假村的形式，向相关公众提供住宿和餐饮服务，证据10虽在指定期间之外，但其进一步佐证了被许可人建设温泉度假村的过程。综上，法院认为在案证据能够充分证明诉争商标存在真实、有效的商业使用，并且形成了完整的证据链，证明诉争商标在核定使用的"住所、餐馆"服务上进行了实际使用，其在上述服务上的注册应予维持。同时，鉴于"咖啡馆"与"住所、餐馆"构成类似服务，故诉争商标在"咖啡馆"服务上的注册亦应予维持。被诉决定对此认定有误，法院应予以纠正。

判决结果：法院判决撤销被告商评委作出的商评字[2018]第133559号关于第1085831号"国大"商标撤销复审决定。被告就第1085831号"国大"商标撤销复审申请重新作出决定。

律师评析

（一）典型意义

商标“撤三”是指已经注册的商标没有正当理由连续3年不使用而被他人依法提出撤销商标申请的注册商标撤销处理程序。按照举证责任分配的一般原则，对注册商标尽到使用义务的举证责任由商标权人承担，撤销申请人对其反驳理由承担举证责任。故在商标“撤三”中，证据如何使用，以及能否形成完整的证据链是证明该注册商标于指定期间内在其核定使用的商品或服务上是否进行了真实、合法、有效的商业使用的关键。本案论证了通过合理的证据展示使证据环环相扣形成完整的证据链是推翻商标被撤销的重要手段。

（二）律师评析

律师提醒企业和个人要注意到：注册商标没有正当理由连续3年不使用，会存在一定的风险，即可能被他人依法提出撤销商标申请，致使商标无法发挥其原有的价值，更可能直接影响企业或个人的发展。在经营过程中，企业或者个人应当以正当的手段规范使用商标，同时注重保留商标使用证据，该类使用证据包括不限于广告宣传、合同发票、展览会、博览会宣传等，证据要保存完整，带有时间标志、完整商标标识，避免因商标的不正确使用而被撤销，造成自身的损失和公共资源的浪费。

律师简介

成立辉律师，南京信息工程大学法学学士、河北经贸大学法学硕士、兰州大学计算机专业本科。

北京盈科（上海）律师事务所专职律师，原北京市盈科（石家庄）律师事务所律师，知识产权与商事诉讼部副主任，具有法学与计算机专业双重专业背景，从业10年，专注于知识产权法律业务。连续在2017年和2018年被评为“石家庄市优秀律师”，所在团队于2019年10月进入知产宝、知产力和IPRdaily联合推出的全国“优秀知识产权诉讼专利团队榜Top10榜单”。

王凤律师，法学专业，商标专业律师，曾在国家工商行政管理总局商标评审委员会从事商标评审。擅长商标授权确权和商标诉讼业务，熟悉商标法等相关法律与诉讼流程。

恶意模仿注册他人驰名商标，即使还未被宣告无效也能在民事诉讼中被判决禁止使用

——洋河酒厂诉徐州发洋公司侵害商标专用权案*

王　玮

所获荣誉

江苏省高级人民法院“2018年江苏法院知识产权司法保护十大案例”。

案情简介

江苏洋河酒厂股份有限公司(以下简称洋河酒厂)成立于2002年12月27日,是知名白酒酿造企业,2005~2007年连续3年被认定为白酒制造行业效益十佳企业,2007年,在中国企业集团纳税500强中位列第253名,在白酒制造行业位列全国第5名,2009年,获“2008年度中国白酒制造业十强企业”荣誉,2012年2月17日,《经济晚报》报道洋河酒厂市值超五粮液,在白酒公司总市值排行榜上位居第二。2013年,洋河酒厂入围《财富》中文网发布的“2013中国企业500强”榜单,2015年,洋河酒厂入围福布斯发布的“亚太地区最佳上市公司50强”榜单。

2000年11月7日,案外人江苏洋河集团有限公司在第33类商品上注册了“洋河”文字商标,商标注册证号为1470448,核定使用商品为:酒类产品等,有效期至2010年11月6日,现已续展至2020年11月6日。该商标于2004年1月14日经核准转让给洋河酒厂。“洋河”等系列产品品质卓越,得到公众高度认可,加之洋河酒厂长期大量地宣传、推广、销售、维护,其品牌在市场上具有极高的知名度和美誉度。2002年3月12日,国家商标局认定第1470448号“洋河”文字商标为驰名商标,2007~2013年,江苏省工商行政管理局连续三

* 江苏省高级人民法院(2017)苏民终1781号民事判决书。

次认定“洋河”商标为江苏省著名商标。

2016 年 9 月 12 日,洋河酒厂的委托代理人在公证人员的监督下,在宿迁市宿城区意鑫酒业经销处(以下简称意鑫酒业)以 75 元的价格购买了“‘洋河’椰汁 + 牛奶”一箱。该被控侵权产品的外包装箱及包装瓶正面均印有“洋河 Yanghe”商标,下印有“椰汁 + 牛奶”文字、椰果、椰树的图案;外包装及包装瓶两侧均印有授权方:徐州发洋食品有限公司(以下简称徐州发洋公司);被委托方:淮安他能量饮料有限公司;运营商:江苏丹胜商贸有限公司;并印有地址、服务热线等信息;外包装顶部印有“舌尖上的洋河挑逗你的味觉”“营养多一些健康多一些”文字。

将被控侵权标识与涉案商标进行比对,洋河酒厂认为,被控侵权标识与涉案商标的文字部分完全一致,只是被控侵权产品的洋河标识除了洋河中文汉字,下面还印有洋河的拼音“Yanghe”,构成近似;被控侵权产品外包装上“舌尖上的洋河”宣传语,利用了洋河酒厂品牌的知名度,会让普通消费者联想到被控侵权产品系洋河酒厂生产制造,构成不正当竞争。

徐州发洋公司、汤新民、淮安他能量饮料有限公司(以下简称淮安他能量公司)、江苏丹胜商贸有限公司(以下简称江苏丹胜公司)、易鑫酒业认为,被控侵权产品上的“洋河 Yanghe”标识系汤新民合法注册享有,其提供的《商标注册证》载明,2009 年 5 月 21 日,汤新民经国家商标局核准在第 29 类商品上注册了第 5540137 号“洋河 Yanghe”商标,该商标核定使用商品为肉;水果蜜饯;腌制蔬菜;蛋;牛奶制品;食用油;果冻;加工过的瓜子;干食用菌;豆腐制品等。2014 年 9 月 14 日,汤新民又注册了第 12356049 号“洋河 Yanghe”商标,核定使用商品除了没有上述牛奶制品以外,其余相同。“舌尖上……”是通用的宣传用语,被控侵权产品上使用的“舌尖上的洋河”宣传语不构成不正当竞争。

2016 年 11 月 23 日,国家工商行政管理总局商标评审委员会作出《关于第 5540137 号“洋河”商标撤销复审决定书》,该决定认为第 5540137 号商标于 2010 年 5 月 2 日至 2013 年 5 月 1 日在“肉;水果蜜饯;腌制蔬菜;蛋;牛奶制品;果冻;加工过的瓜子;干食用菌;豆腐制品”商品上未进行有效的商业使用,决定该商标在“食用油”商品上予以维持,在“肉;水果蜜饯;腌制蔬菜;蛋;牛奶制品;果冻;加工过的瓜子;干食用菌;豆腐制品”商品上予以撤销。

庭审中,洋河酒厂还提供了第 16632989 号、第 12356049 号、第 21258206 号“洋河 Yanghe”商标查询信息,申请人均为汤新民,以证明汤新民不断进行恶意商标注册,欲攀附洋河酒厂的商誉。

洋河酒厂主张,徐州发洋公司、淮安他能量公司、江苏丹胜公司、易鑫酒业、汤新民的行为具有攀附“洋河”驰名商标的故意,使公众误认为该产品与洋河酒厂的产品具有特定联系,侵害了洋河酒厂的注册商标专用权,并构成不正当竞争,请求判令徐州发洋公司、汤新民、淮安他能量公司、江苏丹胜公司停止使用商标证号为 12356049、5540137 的商标及包含有“洋河”文字的商标,停止商标侵权及不正当竞争行为,赔偿经济损失及为制止侵权支付的合理费用 50 万元。

办案策略及律师工作

本案中，由于被告从2006年起就开始在不同品类上注册与“洋河”近似的商标，有些成功获得注册，并于近几年大量授权他人在奶制品、食用油上使用。一般情况下，都是要通过行政手段去申请撤销或者宣告无效，但是商标的行政程序是漫长的，且在行政程序中我们不能要求被告停止侵权，如若等行政程序终结再提起民事诉讼，等于放任被告实施侵权行为，任由其利用“洋河”巨大商业价值从中获取不正当利益，这是长期困扰我们的难题。

为了能够有效遏制这种侵权行为，我们尝试用新的方法即通过民事诉讼来维护权利。由于洋河酒厂没有在“椰汁”类别上注册商标，因此本案就涉及驰名商标的认定。在驰名的举证上，律师花费了大量的精力，包括调取洋河酒厂自成立以来历时十几年的财务报告，以及图书馆对于洋河酒厂宣传的新闻报道等。

裁判要旨及结果

裁判要旨：被告基于故意攀附使用与他人驰名商标近似的标识，致使驰名商标注册人的利益可能受到损害的，即使被告使用的标识已成功注册，人民法院可以根据原告的请求，依法判决被告禁止使用该商标，并赔偿相应的经济损失。

判决结果：一、被告徐州发洋食品有限公司、汤新民、淮安他能量饮料有限公司、江苏丹胜商贸有限公司自本判决生效之日起立即停止使用第12356049、5540137号注册商标的行为；二、被告徐州发洋食品有限公司、汤新民、淮安他能量饮料有限公司、江苏丹胜商贸有限公司、宿迁市宿城区意鑫酒业经销处自本判决生效之日起立即停止侵害原告第1470448号“洋河”注册商标专用权及不正当竞争的行为；三、被告徐州发洋食品有限公司、汤新民、江苏丹胜商贸有限公司自本判决生效之日起十五日内赔偿原告江苏洋河酒厂股份有限公司经济损失及为制止侵权行为所支出的合理开支共50万元。

律师评析

（一）典型意义

本案涉及驰名商标与注册商标之间冲突的解决。商标侵权案件中，被诉标识为注册商标的，一般需要先行通过商标行政争议途径解决，但本案通过判决明确：尽管被诉标识是注册商标，但被告恶意攀附驰名商标商誉，抢注并使用相关商标的，法院应当立案受理，并禁止抢注商标的使用。从这个意义上讲，本案裁判开创了先河。本案中，法院基于“洋河”商标长期累积的品牌商誉和知名度，不仅给予“洋河”驰名商标跨类保护，还直接判决禁止侵权人使用其恶意注册的“洋河 Yanghe”商标，从纠纷的源头避免了原告权利再次受到侵害，正本清源、避免混乱，维护了原告的合法权益和商标注册秩序，充分体现了知识产权司法保护的主导作用，以及最严格保护知识产权，鼓励诚实信用、诚信经营的价值取向。本案对于准确理解驰名商标司法保护法律规定，准确把握驰名商标司法认定条件，以及加强对驰名商标司法保护力度，具有典型意义。本案的审理和判决结果引起了社会公众和新闻媒体的广泛关注，江苏城市频道、南京新闻频道、《南京日报》、《江苏工人报》等传统媒体，以及知产力、江苏知产视野、南知审判、荔枝新闻等新媒体都进行了相关报道。判决生效后，洋河公司给法院送来锦旗，感谢信上称本案为“洋河商标跨类保护第一案”，赞誉法院知识产权审判“保护知识产权激励创新，彰显司法权威维护公平”。判决取得了良好的法律效果和社会效果。

（二）律师评析

我国现行《商标法》规定商标注册采用的是先申请先注册制以及分类注册制，没有使用要求，也没有数量限制。但实践中侵权人正是利用了这一制度设计，在与他人驰名商标不同的商品种类上注册了多个近似商标，并授权他人使用。这种恶意注册的行为虽然具有明显攀附他人商誉的故意，但由于侵权人的商标已获得授权，给其不正当的经营行为披上了一层“合法”外衣，也给真正的权利人维权带来了难度。此时权利人若通过行政程序寻求救济无效侵权人的商标，但受周期影响，也未能有效制止侵权行为。

我国《商标法》第 7 条规定，申请注册和使用商标，应当遵循诚实信用原则。第 13 条规定，就不相同或者不相类似商品申请注册的商标是复制、摹仿或者翻译他人已经在中国注册的驰名商标，误导公众，致使该驰名商标注册人的利益可能受到损害的，不予注册并禁止使用。

根据《商标法》的规定，虽然侵权人的被控侵权标识系得到合法授权的注册商标，但在涉案权利人的商标为驰名商标的情况下，如能证明侵权人主观上具有“傍名牌”的恶意，违反了商标法诚实信用原则，也可以通过民事诉讼程序，让侵权人承担立即停止使用和赔偿损失的责任，能够大大缩短权利人的维权周期。

律师简介

王玮律师，北京盈科（上海）律师事务所监事会副主任、知识产权法律事务部主任、股权高级合伙人，上海市律师协会知识产权专业委员会成员。

知识产权行政机关自主选择专业机构查明争议事实的正当性

——北京天宇朗通通信设备股份有限公司诉重庆市知识产权局专利侵权行政处理决定案*

谭明进

所获荣誉

2018年重庆行政诉讼十大案例。

案情简介

中兴通讯股份有限公司(以下简称中兴公司)拥有双模双待机移动终端短消息和电话本列表的构建方法发明专利(专利号:ZL 200610152338.4)。该发明方法公开了一种双模双待机移动终端短消息和电话本列表的构建方法,权利要求书中载明该方法包括如下步骤:(1)当移动终端收到信息时,将信息存储至本地进行统一管理;(2)选择功能模块,进入相应的表项;(3)MMI层向双模控制模块发送读取请求;(4)双模控制模块收到请求后,将符合要求的数据传送给MMI层;(5)MMI层将收到的数据以列表的形式排列;(6)对排列的信息进行操作。该专利法律状态于作出被诉行政行为时为有效状态。

2015年8月31日,中兴公司向重庆市知识产权局递交《专利纠纷处理请求书》,请求处理的事项为:(1)认定被申请人北京天宇朗通通信设备股份有限公司(以下简称天宇公司)、重庆苏宁云商销售有限公司(以下简称苏宁公司)生产和销售的KIS7(天语尼比鲁火星一号H1)侵犯申请人的专利权(专利号200610152338.4);(2)责令天宇公司停止允诺销售制造侵权产品行为、销毁制造侵权产品的专用设备、模具,并且不得销售、使用尚未售出的侵权产品或者

* 重庆市第一中级人民法院(2016)渝01行初587号行政判决书。

以任何其他形式将其投放市场;(3)责令天宇公司赔偿申请人的相关损失(包括维权支付的费用);(4)责令苏宁云商停止允诺销售及赔偿相关损失。该请求书对请求处理的事实和理由作出了相应说明。

2015年9月11日,重庆市知识产权局依法立案受理该请求,并于2015年11月24日公开通过口审形式审理本案。因双方当事人对委托鉴定机构对涉案手机进行鉴定无法达成一致意见,2016年3月1日,重庆市知识产权局与重庆重邮科技开发公司签订《技术开发(委托)合同》,针对案涉手机设计破解方案,对其进行破解,获取其信息接收、存储、查询方案流程。该破解报告作出后,重庆市知识产权局书面征求各方当事人的质证意见。2016年4月30日,重庆市知识产权局作出渝知〔2015〕纠字30号《专利侵权纠纷处理决定书》,认定被控侵权产品的技术特征包含了专利权利要求中记载的全部必要技术特征,即落入专利权的保护范围。责令苏宁公司停止销售涉案专利产品,天宇公司停止专利侵权行为,驳回请求人的其他处理请求。天宇公司不服该处理决定书,提起行政诉讼,请求撤销重庆市知识产权局作出的渝知〔2015〕纠字30号《专利侵权纠纷处理决定书》。

裁判要旨

知识产权行政执法机关在相关法律法规无明确技术事实调查程序规定的情况下,可以基于行政管理正当目的,根据案件调查事实的难易程度、行政执法成本效率等因素选择恰当方式进行开展调查活动,自主选择鉴定或者非鉴定方法查明事实。人民法院在诉讼程序中,可以通过咨询相关领域的技术专家,甚至借助知识产权审判专家辅助人参与诉讼活动的方式,对案件有关专业技术事实问题进行查明,依法作出裁判。

裁判结果

重庆市第一中级人民法院经审理后认为,重庆市知识产权局于2016年4月30日作出的渝知〔2015〕纠字30号《专利侵权纠纷处理决定书》,认定事实清楚,主要证据充分,适用法律正确,符合法定程序,遂判决驳回天宇公司的诉讼请求。

宣判后,天宇公司不服一审判决,提起上诉。重庆市高级人民法院经审理后认为,本案的争议焦点主要集中在两个方面。第一,被上诉人作出专利侵权处理决定是否违反法定程序;第二,被诉侵权设计是否落入本案专利权的保护范围。对于第一个焦点问题,行政机关作出任何行政决定,必须查清事实,并遵循“先取证后裁决”的规则。行政机关查清案件事实可以依照法律赋予的职权进行相关调查取证,并不拘泥于采用某种单一方法或措施,除非法律明确规定。行政机关可以根据案件调查事实的难易程度、行政执法成本效率等因素选择恰当方式进行调查活动,自主选择鉴定或者非鉴定方法查明事实。本案中,由于涉案专利为方法专利,通过肉眼观察无法获知其内部技术特征,在行政程序中双方当事人均未对被控侵权产品的技术事实提出鉴定申请的情形下,重庆市知识产权局为实现案件所涉技术特征的验证,委托第三方就被控侵权产品的技术问题出具《破解报告》,并将《破解报告》反馈给各方征求意见,在各方均未对《破解报告》载明的技术事实提出相反证据的情况下,将《破解报告》载明的技术事实作为行政程序中调查查明的案件事实,重庆市知识产权局的行政调查程序并无不当。重庆市知识产权局作出《专利侵权纠纷处理决定书》之前,依法进行了立案、调查、听取各方陈述、申辩等程序,在法定期限内作出《专利侵权纠纷处理决定书》,行政程序合法。

对于第二个焦点问题,通过对被控侵权产品的技术特征(1)、(2)、(3)、(4)、(5)、(6)、(7)与中兴公司专利权利要求1的①、②、③、④、⑤、⑥、⑦进行对比发现,特征(1)、(2)、(5)、(6)基本相同,特征(3)、(4)存在争议,中兴专利描述为:……③MMI层向双模控制模块发送读取请求;④双模控制模块收到请求后,将符合要求的数据传送给MMI层。而被控侵权产品的技术特征描述为:……(3)MMI层向本地短信数据库发送读取短消息请求;(4)MMI层读取本地短信数据库内容来获取短消息数据。天宇公司与中兴公司二者之间的特征文字表述确实存在差异,但经开庭专家辅助人的陈述,手机中双模控制模块是作为一种解决两种SIM卡的短消息列表构建方式的识别而建立,是否称为双模控制模块并不重要,只要双卡双待手机实现对不同SIM卡的短消息在一个手机屏中列表正确识别显示,就必须借助双模控制模块功能原理来实现其目的。被控侵权产品的短消息列表构建方式为:MMI层向双模控制模块读取数据信息,并将包含SIM卡识别信息的短信进行显示。因此,既然中兴公司专利方法发明核心点是针对双模双待机移动终端短消息和电话本列表的构建方法,而短消息内容的存储、调取和显示本身属于现有技术之范畴。天宇公司虽然对此有异议,但并未举示相应证据驳斥重庆市知识产权局提出的短消息构建方法本属现有技术范畴,或者证明该构建方法属于中兴专利未包括的技术特征。根据《最高人民法院关于审理侵犯专利纠纷案件应用法律若干问题的解释》第7条规定,人民法院判定被诉侵权技术方案是否落入专利权的保护范围,应当审查权利人主张的权利要求所记载的全部技术特征。被诉侵权产品的技术方案包含与权利要求记载的全部技术特征相同或者等同的技术特征的,人民法院应当认定其落入专利权的保护范围。因此,重庆市知识产权局认定被控侵权产品的技术特征包含了中兴专利要求中记载的全部必要技术特征,落入专利权的保护范围并无不当。遂依照《行政诉讼法》第 89 条第 1 款第 1 项的规定,判决驳回上诉,维持原判。

律师评析

(一)法律评析

《专利法》第 60 条规定:"未经专利权人许可,实施其专利,即侵犯其专利权,引起纠纷的,由当事人协商解决;不愿协商或者协商不成的,专利权人或者利害关系人可以向人民法院起诉,也可以请求管理专利工作的部门处理。管理专利工作的部门处理时,认定侵权行为成立的,可以责令侵权人立即停止侵权行为,当事人不服的,可以自收到处理通知之日起十五日内依照《中华人民共和国行政诉讼法》向人民法院起诉;侵权人期满不起诉又不停止侵权行为的,管理专利工作的部门可以申请人民法院强制执行。进行处理的管理专利工作的部门应当事人的请求,可以就侵犯专利权的赔偿数额进行调解;调解不成的,当事人可以依照《中华人民共和国民事诉讼法》向人民法院起诉。"随着我国市场经济的发展和创新驱动发展战略的实施,涉及复杂技术事实认定的技术类案件或者其他类型新颖的案件越来越多,使知识产权行政查处与司法审判不断面临新挑战。

技术类案件的审理涉及复杂的技术事实查明,当事人可以委托专家辅助人出庭就案件所涉专业问题代表自己发表意见,专家辅助人就专业问题提出的意见视为当事人的陈述。知识产权行政机关也可以根据审理需要委托鉴定人为案件专业问题提供鉴定意见,鉴定意见属于《行政诉讼法》第 33 条规定的证据类型。2019 年最高人民法院审判委员会审议通过了《最高人民法院关于技术调查官参与知识产权案件诉讼活动的若干规定》,与之不同的是,技术调查官作为法官的技术助手,协助法官理解和查明案件所涉的专业技术问题,为技术类案件的审理提供技术支持,技术调查意见并不属于证据,仅对合议庭认定技术事实起到参考作用。

而在本案行政程序中,由于天宇公司对中兴公司举示的《天宇 KIS7 破解报告》有异议,双方对委托鉴定机构对涉案手机进行鉴定又无法达成一致意见,重庆市知识产权局遂委托重庆重邮科技开发公司针对天语 KIS7(NIBIRU H1)手机出具了《天宇 KIS7(NIBIRUH1)手机破解报告》。那么《天宇 KIS7(NIBIRUH1)手机破解报告》是否属于法定证据类型?重庆市知识产权局委托专业机构作出《天宇 KIS7(NIBIRUH1)手机破解报告》是否属于自由裁量具体行政行为？自由裁量具体行政行为是否违反了正当程序？人民法院在行政审判中如何对涉及自由裁量具体行政行为进行审查？不仅是理论界争论不休的话题，也是司法实务界面临的困境。

（二）典型意义

公正和效率都是行政行为所追求的价值目标，由于行政行为的复杂性和多样性，以及行政立法的滞后性，并非所有具体行政行为都明确了其行政程序，那么在无任何法律法规及规章对某些行政行为作出程序有具体规定的情况下，正当程序原则逐步进入行政审判法官的视野，在行政审判中他们已经开始有意识地运用正当程序原则来处理一些行政机关在程序上明显存在问题而法律法规没有明确规定必须要具有该种程序的具体行政行为，但正当程序原则的适用应当包含以下几个要素：听证制度、告知制度、陈述申辩制度和回避制度。

值得借鉴的是，知识产权行政执法机关在相关法律法规无明确技术事实调查程序规定的情况下，可以基于行政管理正当目的，根据案件调查事实的难易程度、行政执法成本效率等因素选择恰当方式进行开展调查活动，自主选择鉴定或者非鉴定方法查明事实。重庆市知识产权局将《天宇 KIS7（NIBIRUH1）手机破解报告》反馈给各方征求意见，在各方均未对《天宇 KIS7（NIBIRUH1）手机破解报告》载明的技术事实提出相反证据的情况下，将《天宇 KIS7（NIBIRUH1）手机破解报告》载明的技术事实作为行政程序中调查查明的案件事实，符合正当程序原则，其调查取证活动应当得到人民法院的支持，并得到了一审、二审法院的司法肯定。人民法院对知识产权行政执法机关作出的处理决定进行合法性审查时，应当保持司法谦抑，充分运用行政诉讼举证规则及技术事实查明机制加强对行政执法行为的司法监督，支持行政机关依法行政，进一步规范知识产权行政执法活动。

律师简介

谭明进律师，北京盈科（重庆）律师事务所高级合伙人、知识产权部主任，取得执业专利代理师、工程师职称，曾先后从事汽车电子产品研发、集团法务与知识产权管理等工作，擅长企业法律顾问、民商事诉讼代理、知识产权与不正当竞争等法律服务。

商标侵权案件中文字商标被宣告无效不当然影响组合商标效力

——上海弘奇永和餐饮管理有限公司诉盘锦兴油永禾餐厅侵害商标权纠纷案*

高慧天

所获荣誉

2018 年辽宁省法院知识产权司法保护八大典型案例。

案情简介

永和食品公司是第 10536544 号“永和豆浆”注册商标、第 9862735 号“永和豆浆”注册商标的专用权人，上述商标核定使用商品/服务项目为第 43 类：餐馆；自助餐馆；餐厅等。经授权，上海弘奇永和餐饮管理有限公司（以下简称弘奇永和公司）独占使用上述商标，有权以自己名义进行维权。2016 年，第 10536544 号文字商标被原国家工商行政管理总局商标评审委员会（以下简称商评委）裁定无效，永和食品公司已就该无效裁定提起诉讼，行政诉讼尚未终结。

盘锦兴油永禾餐厅地处辽宁盘锦，经营餐饮服务，在其店招门头、室内装潢以及餐具上使用“永和豆浆”文字加“永和”文字抽象图案标识，突出使用“永和豆浆”字样。

弘奇永和公司委托高慧天律师团队以盘锦兴油永禾餐厅侵犯其注册商标专用权为由提起诉讼。

---

* 辽宁省高级人民法院（2018）辽民终 364 号民事判决书。

办案策略及律师工作

1. 避免中止审理，不以第 10536544 号文字商标作为权利商标提起诉讼

第 10536544 号商标被商评委裁定无效，处于确权争议纠纷中，如果把它作为权利商标提起侵权诉讼，会大大增加案件的风险。我方搜索了大量涉及商标确权争议的商标侵权案件，发现法官的处理方式不尽相同。有的法官依据《商标法》第 36 条第 1 款的规定，认为无效裁定尚未生效，商标仍然有效，继续审理侵权案件。有的法官以原告权利不明晰为由予以驳回。另外还有相当部分法官认为商标确权案件结果对侵权案件影响较大，裁定中止审理。但上述案件有共同之处，即涉及的一个或多个商标均处于确权争议中。而本案不同，在排除第 10536544 号文字商标后，我们仍有第 9862735 号组合商标可以作为权利商标，且不涉及确权争议，以此避免了法官中止审理此案。

2. 文字商标无效并不当然影响组合商标的效力

"永和豆浆"文字部分是相关公众呼叫、记忆涉案第 9862735 号组合商标的主要依据，是第 9862735 号组合商标的显著识别部分。而以组合商标文字部分构成的第 10536544 号文字商标却被裁定无效，对方必定会以此进行抗辩，法官也会产生疑虑。

但是文字商标被裁定无效，只能说明该文字商标无效，而以该文字商标作为显著识别部分的组合商标是否无效还要看该文字商标被无效的理由。如果文字商标是以通用名称、违反公序良俗或者有不良影响等绝对无效的理由被无效，那么组合商标的效力极有可能受到影响，显著部分亦可能发生变化。如果文字商标是以侵害在先合法权益等相对无效的理由被无效，组合商标的效力则不必然受到影响，还要考虑组合商标的显著性、知名度等情况。本案中第 10536544 号文字商标是因与他人在先商标构成近似，即相对无效的理由被裁定无效。为了证明第 9862735 号组合商标效力不受影响，我方整理了充分的证据材料，证明第 9862735 号组合商标通过弘奇永和公司的长期使用已经具有显著性与知名度，其效力不受文字商标无效的影响，其显著识别部分仍是"永和豆浆"文字部分。

至此，我方为法官消除了疑虑，也更有自信说服法官认定盘锦兴油永禾餐厅的使用行为构成商标侵权。

3. 三步认定盘锦兴油永禾餐厅的使用行为构成商标侵权

认定盘锦兴油永禾餐厅的使用行为是否构成侵犯弘奇永和公司第9862735号组合商标专用权，需考虑三个方面，即使用目的、使用方式和使用结果。首先，使用目的通过使用方式得以体现。盘锦兴油永禾餐厅地处辽宁盘锦，与台湾永和之间无地理或其他关联。该店与我方同为餐饮服务行业，理应知悉我方案涉商标的知名度，却在其店招门头、室内装潢、餐具等处突出使用“永和豆浆”字样，把自己的企业名称简化或置于不明显的位置，意图使相关公众混淆商品或服务的来源，其使用目的难谓善意。其次，从使用方式来看，盘锦兴油永禾餐厅在提供餐饮服务过程中，与其他标识组合使用的情况下，将“永和豆浆”字体放大，非常突出醒目。虽然诉争标识与案涉商标存在些微差异，但整体来看仍然构成近似商标。最后，关于使用结果的问题，使用结果并不是指客观产生的结果，而是指客观可能产生的后果。本案中，盘锦兴油永禾餐厅应当知悉案涉商标的知名度，却依旧突出使用与案涉商标构成近似的标识，该行为容易使相关公众对商品、服务的来源产生混淆或误认，认为与我方有特定联系。因此，综合考虑上述三个方面，盘锦兴油永禾餐厅的使用行为构成对弘奇永和公司案涉商标专用权的侵犯。

裁判要旨及结果

二审法官支持我方诉请，判决盘锦兴油永禾餐厅对“永和豆浆”的商标性使用构成侵犯弘奇永和公司注册商标专用权。

二审裁判要旨：

本案争议焦点为盘锦兴油永禾餐厅对“永和豆浆”的商标性使用是否侵害弘奇永和公司的注册商标专用权。

关于第10536544号文字商标“永和豆浆”效力的问题。根据《商标法》第36条第1款的规定，法定期限届满，当事人对商标局做出的驳回申请决定、不予注册决定不申请复审或者对商评委做出的复审决定不向人民法院起诉的，驳回申请决定、不予注册决定或者复审决定生效。弘奇永和公司第10536544号文字商标权利人针对无效裁定向法院起诉，商标是否应予无效的诉讼仍未完结，故该商标仍然处于有效状态。

关于对“永和豆浆”文字的使用是否属于正当使用的问题。根据《商标法》

第 59 条的规定，注册商标中含有的本商品的通用名称、图形、型号，或者直接表示商品的质量、主要原料、功能、用途、重量、数量及其他特点，或者含有的地名，注册商标专用权人无权禁止他人正当使用。“永和豆浆”来自台湾，“永和”是我国台湾地区的一个地名，“豆浆”亦是一种商品的通用名称。确定盘锦兴油永禾餐厅对诉争标识的使用是正当使用还是商标性使用，应考虑两个因素：一是使用者主观上是否构成善意；二是客观上可能产生的后果。盘锦兴油永禾餐厅将诉争标识“永和豆浆”单独使用或置于其各种宣传标识的显著部位，采取放大字体，而将自己的商标、企业名称简化、省略、弱化、置于不明显位置。从而使诉争标识突出、明显，大大增加了标识商品来源的作用。弘奇永和公司的案涉注册商标知名度较高，识别性随之增强，其他主体使用此文字说明、描述自己商品的功能就会随之减弱，从而造成相关公众容易对商品来源或关联性产生混淆误认。盘锦兴油永禾餐厅经营地点地处辽宁盘锦，没有证据显示其与台湾永和之间具有地理或其他关联。在弘奇永和公司的案涉商标具有较高知名度的前提条件下，其对“永和豆浆”的使用缺乏善意或通常的商业惯例，无法构成“正当的诚实的使用”。

关于盘锦兴油永禾餐厅是否构成侵犯弘奇永和公司案涉商标专用权的问题。《商标法》第 57 条规定：“有下列行为之一的，均属侵犯注册商标专用权：……（二）未经商标注册人的许可，在同一种商品上使用与其注册商标近似的商标，或者在类似商品上使用与其注册商标相同或者近似的商标，容易导致混淆的……”根据《最高人民法院关于审理商标民事纠纷案件适用法律若干问题的解释》第 9 条、第 10 条的相关规定，商标近似，是指被控侵权的商标与原告的注册商标相比较，其文字的字形、读音、含义或者图形的构图及颜色，或者其各要素组合后的整体结构相似，或者其立体形状、颜色组合近似，易使相关公众对商品的来源产生误认或者认为其来源与原告注册商标的商品有特定的联系。认定商标相同或者近似按照以下原则进行：（1）以相关公众的一般注意力为标准；（2）既要进行对商标的整体比对，又要进行对商标主要部分的比对，比对应当在比对对象隔离的状态下分别进行；（3）判断商标是否近似，应当考虑请求保护注册商标的显著性和知名度。

案涉第 9862735 号是文字“永和豆浆”加图形商标，经过权利人多年经营，案涉注册商标已经积累了相当的商誉，具有了较高的显著性和知名度。该商标呼叫功能主要体现在“永和豆浆”文字部分，核定使用项目集中在餐馆等行业，相关公众会更多注意注册商标中体现经营特点和呼叫功能的文字部分“永和豆浆”，故“永和豆浆”是第 9862735 号文字加图形商标的显著识别部分。盘锦兴油永禾餐厅在门头店招上使用“永和豆浆”文字，店内宣传板上亦使用“永和豆浆”文字，上述行为属于与其他标识组合使用“永和豆浆”文字。在与其他标识组合使用的情况下，“永和豆浆”字体大于其他标识，整体观察突出醒目。弘奇永和公司与盘锦兴油永禾餐厅经营的商品类似程度较高，盘锦兴油永禾餐厅突出使用“永和豆浆”文字，字形略有不同，汉字构成、读音、排列顺序与案涉注册商标一致，虽然弘奇永和公司独占使用的案涉注册商标中包括文字加图形模式，但是综合分析判断，“永和豆浆”与案涉注册商标仍然构成近似，在比对对象隔离的状态下，容易使相关公众对盘锦兴油永禾餐厅提供的商品来源产生误认，或者认为其来源与弘奇永和公司独占使用的注册商标的商品存在特定的联系，盘锦兴油永禾餐厅对“永和豆浆”文字的使用，属于在基本相同的商品和服务上使用与案涉注册商标近似的商标，容易造成相关公众的混淆或误认，构成侵犯弘奇永和公司案涉第 9862735 号商标专用权的行为。

律师评析

（一）典型意义

本案是永和豆浆商标维权系列案中非常关键的一案，二审法官认为文字商标确权案件对本案并无影响，依据司法解释就诉争标识与案涉商标进行比对分析认定构成侵权。在此案之前辽宁永和系列案一审大量败诉，本案二审的改判统一了对此类案件的审判思路，辽宁其他各地人民法院均参考本案思路进行审理。本案有力地维护了商标权人的合法权益，保障了当地市场的良性竞争，促进了营商环境公平有序地发展。

值得一提的是，吉林永和系列 20 案一审全部驳回诉讼请求，二审发回重审后，长春中院经审理，亦确定类似的审判思路，并且适用惩罚性赔偿标准，作出系列案 245 万元的高额判决，在长春知识产权法庭述职一周年时被评为典型案例。

（二）法律评析

本案中涉及两个关键问题，第一是核心文字商标第 10536544 号被商评委宣告无效，带来的商标确权与商标维权案件交叉时的法律适用问题。第二是被商评委无效的第 10536544 号文字商标恰好是另一个第 9862735 号组合商标的文字部分，而被告使用的也是文字“永和豆浆”标识，没有使用第 9862735 号组合商标的图形部分而引起的近似比对的问题。

关于第一个问题《商标法》第36条第1款规定:“法定期限届满,当事人对商标局做出的驳回申请决定、不予注册决定不申请复审或者对商标评审委员会做出的复审决定不向人民法院起诉的,驳回申请决定、不予注册决定或者复审决定生效。”商评委做出的驳回申请决定、不予注册决定、复审决定并非一经作出立即生效,如果在法定期限内,当事人针对上述决定向人民法院提起诉讼,则涉案决定并未生效,不影响涉案商标的效力。但实践中法院为了保证案件质量,避免错案,商评委的决定即使未生效也仍然会影响法官对整个案件的判断。尤其当商评委宣告商标无效时,审理侵权案件的法官会考虑驳回诉请或中止审理等裁判方案,这也是本系列案中多个一审法院的做法。一旦出现这样的裁判结果会对维权带来很大阻力,甚至进一步导致侵权泛滥。这需要律师在策略上尽量化解这样的矛盾局面,也考验着法官的责任担当和实践智慧。

《商标法》第47条第2款规定:“宣告注册商标无效的决定或者裁定,对宣告无效前人民法院做出并已执行的商标侵权案件的判决、裁定、调解书和工商行政管理部门做出并已执行的商标侵权案件的处理决定以及已经履行的商标转让或者使用许可合同不具有追溯力。但是,因商标注册人的恶意给他人造成的损失,应当给予赔偿。”因此,即使涉案商标被无效,此前人民法院作出侵权认定的已结案件也不属于错案。这是消除法官审判顾虑,在受到商评委无效裁定影响下能够继续审理侵权案件的很重要法律规定。

关于第二个问题,需要进一步考虑的是假设第10536544号文字商标最后彻底被宣告无效,是否影响第9862735号组合商标的效力,即是否会导致该组合商标的文字部分不再具有显著性。这进一步决定被告使用永和豆浆文字标识,是否侵犯第9862735号组合商标的商标权。这一问题需要考虑第10536544号商标当初被商评委宣告无效的理由,商评委以与第三人在先商标构成近似为由予以无效宣告,属于相对的无效事由,并非因文字违反了法律规定、公序良俗,成为通用名称等绝对的无效事由。所以即便第10536544号商标被无效,也是因为该商标申请较晚导致的,而申请较早的组合商标第9862735号中的文字部分当然还应当具有显著性。

所以在商标权人拥有多个商标的情况中,经常会是先设计一个组合商标,其中包括一个或多个文字、图形要素组合在一起,并把组合商标的各个要素又单独拿出来申请商标。这就会导致一个要素商标被驳回或无效时是否对组合商标产生影响的问题。如果是以通用名称、违反公序良俗或者有不良影响等绝对无效的理由被无效,那么涉案商标中的该要素也应当受到相同的评价,也会存在被宣告无效或丧失显著性的问题,但如果是与在先商标构成近似等相对理由被宣告无效时,则组合商标不必然会被宣告无效,其要素部分也不当然丧失显著性。

以上这两个问题的解决是本案改判的关键所在,对类似案件有一定参考意义。需要说明的是，在本案判决的一年多之后，北京知识产权法院和北京市高级人民法院就第10536544号永和豆浆文字商标的两审判决先后有了结果，撤销商评委无效决定，维持第10536544号商标效力。

律师简介

高慧天律师，盈科沈阳合伙人律师，知识产权法律事务部主任。辽宁省知识产权法学研究会理事、沈阳市知识产权法学研究会理事、沈阳市知识产权专家库专家。2019年度盈科全国优秀知识产权律师、2020年11月被评定为辽宁省首批知识产权专业律师。

权利基础扎根不稳，恶意诉讼代价惨痛

——宿迁市洋河镇某酿酒厂与某酒业公司因恶意提起知识产权诉讼责任纠纷案[*]

闫东伟

所获荣誉

2019年江苏法院知识产权司法保护十大典型案例。

案情简介

2013年7月10日，宿迁市洋河镇御缘酿酒厂（以下简称御缘酿酒厂）的员工李志兵向国家知识产权局申请了ZL201330319767.7“酒盒（中国梦传奇3）”、ZL201330319762.4“酒盒（中国梦传奇6）”、ZL201330319966.8“酒盒（中国梦传奇9）”、ZL201330319766.2“酒瓶（中国梦传奇9）”四件外观设计专利（以下简称涉案专利），2013年12月4日获得授权。后李志兵以独占许可的方式许可御缘酿酒厂实施涉案专利。

2016年6月，御缘酿酒厂以涉案专利独占实施被许可人的身份，向一审法院提起（2016）苏01民初858、859、860号三个案件诉讼，主张宿迁市洋河镇天下秀酒业有限公司（以下简称天下秀公司）生产销售的三种白酒产品侵害了其涉案专利权，并要求天下秀公司停止生产销售并支付赔偿款。上述三案的一审中，天下秀公司向国家知识产权局专利复审委员会（以下简称复审委）提出了针对涉案专利的无效请求，2016年12月复审委以涉案专利上标注的“洋河”与江苏洋河酒厂股份有限公司（以下简称洋河酒厂）的第1470448号注册商标的“洋河”构成相似商标，涉案专利与他人在申请日以前已经取得的合法权利相

---

* 江苏省高级人民法院（2018）苏民终119号。

冲突，不符合《专利法》第23条第3款的规定，故作出第30928、30929、30930、30937号《无效宣告请求审查决定书》，宣告上述四件涉案专利全部无效。针对(2016)苏01民初858、859、860号三个案件，南京中院依法裁定驳回了御缘酿酒厂的起诉。

天下秀公司认为御缘酿酒厂明知其获得的专利权具有明显瑕疵，侵犯洋河酒厂在先的商标权，(御缘酿酒厂之前产品上因为标注有洋河字样，曾被洋河酒厂起诉商标侵权，且收到了败诉判决)仍起诉天下秀公司专利侵权，属于恶意提起知识产权诉讼，因此天下秀公司提起了针对御缘酿酒厂的损害赔偿之诉，要求御缘酿酒厂赔偿其损失，包括律师费13.2万元、差旅费3725元、专利无效宣告请求费4500元以及商誉损失共计30万元。御缘酿酒厂认为诉讼是为了维权，主观不存在恶意。天下秀公司认为，御缘酿酒厂进行维权行为应尽到合理审慎的注意义务，对自己的权利明显具有瑕疵的情况下，仍提起多起诉讼，属于恶意诉讼。

最终，一审法院认定御缘酿酒厂提起的858、859、860号案件为恶意诉讼，判决御缘酿酒厂向天下秀公司给付140225元赔偿款。后御缘酿酒厂不服一审判决，向江苏省高级人民法院提起上诉，江苏省高级人民法院维持了一审判决。

办案策略及律师工作

本案中，闫东伟律师代理被上诉人、原审原告天下秀公司。

本案是一起典型的因恶意提起知识产权诉讼给他人造成损失引发的损害责任纠纷案件。闫东伟律师在办案过程中发现，(2013)宿中知民初字第0047号判决已明确认定御缘酿酒厂在其生产销售的“46度蓝色典藏M6”“42度蓝色典藏A9”“中国洋河5A级VIP专供酒”“中国洋河5A级梦之蓝酒”等系列白酒的外包装上标注“中国洋河”或“江苏洋河”字样的行为侵犯了洋河酒厂享有的第1470448号“洋河”注册商标专用权，并且早在2011年9月30日，南京市工商行政管理局建邺分局已就御缘酿酒厂生产的“46度蓝色典藏M6”“42度蓝色典藏A9”等系列白酒的外包装上标有“中国洋河”或“江苏洋河”字样一事，对沃尔玛(江苏)商业零售有限公司南京水西门大街分店作出行政处罚。因此，可以确定御缘酿酒厂在提起858、859、860号三案之前，甚至在四件涉案专利申请日之前(早在2011年9月30日)就已知晓其在白酒外包装上标注“洋河”字样的行为侵犯了洋河酒厂的注册商标专用权。

御缘酿酒厂已明知其外观设计专利侵犯洋河酒厂的商标权，不符合专利授权条件，却仍利用我国外观设计专利不进行实质审查的制度设计，以“洋河”商标作为外观设计元素申请获得外观设计专利。此后又以该缺乏正当合法性基础的外观设计专利起诉本案原告专利侵权，以谋取不正当利益，符合因恶意提起知识产权诉讼的构成要件。因此，闫东伟律师代理天下秀公司提起因恶意提起知识产权诉讼损害责任纠纷之诉，请求判令御缘酿酒厂赔偿因应对恶意诉讼而支出的律师费、差旅费、无效宣告请求费等费用，并最终获得法院支持。

裁判要旨及结果

1. 一审裁判要旨及结果：

所谓恶意诉讼，通常是指当事人以获取非法或不正当利益为目的而故意提起一个在事实上和法律上无根据之诉，并致使相对人在诉讼中遭受损失的行为。御缘酿酒厂的行为符合恶意提出知识产权诉讼的构成要件：首先，御缘酿酒厂实施了向天下秀公司提起三起知识产权诉讼的行为；其次，御缘酿酒厂具有过错；最后，天下秀公司支出了律师费、专利无效宣告请求费、差旅住宿费等费用，以上均系直接损失。综上，御缘酿酒厂的行为符合恶意提起知识产权诉讼的构成要件，构成侵权，应承担侵权责任。天下秀公司要求御缘酿酒厂承担赔偿责任，应予支持。天下秀公司主张的 30 万元赔偿额中包含商誉损失，不予采信，御缘酿酒厂对天下秀公司的实际损失应予以赔偿。

一审判决：宿迁市洋河镇御缘酿酒厂于判决生效之日起十日内一次性给付宿迁市洋河镇天下秀酒业有限公司赔偿款 140225 元；驳回宿迁市洋河镇天下秀酒业有限公司的其他诉讼请求。

2. 二审裁判要旨及结果：

恶意提起知识产权诉讼是指行为人明知自己提起知识产权诉讼无事实或者法律依据，仍以损害他人合法权益或者获取非法利益为目的，故意针对他人提起知识产权诉讼，造成他人损害的行为。具体到本案，首先，御缘酿酒厂提起涉案三起诉讼的权利基础不具有正当性；其次，御缘酿酒厂对于提起涉案三起诉讼据以主张的权利基础不具有正当性，处于应有明确认知的主观状态；再次，御缘酿酒厂在明知其权利基础不具有正当性的前提下，仍然提起涉案三起诉讼并且意图获取不当利益；最后，御缘酿酒厂恶意提起知识产权诉讼的行为给天下秀公司造成了损失。综上所述，御缘酿酒厂的上诉请求不能成立，应予驳回。

二审判决：驳回上诉，维持原判。

律师评析

（一）典型意义

恶意诉讼侵权责任纠纷属于较少见的纠纷案由。司法实践中不乏职业维权者，或恶意维权者，本案判决即反映了在司法实践中针对此类违反商业道德及诚实信用原则的维权行为的司法态度。权利人明知自己形式上取得合法权利登记的知识产权存在瑕疵，仍通过大肆维权牟利，维权本身即有不正当性。本案的判决对于推动诚信体系建设，净化创新环境亦具有积极意义。

（二）法律评析

行为人利用外观设计专利授权不实质审查等制度设计，违反《专利法》第 23 条第 3 款的规定，有意将他人在先注册商标作为其申请外观设计专利的一部分，在侵害他人合法权利的基础上获得形式上“合法”的知识产权。该权利不具有实质意义上的正当性。

行为人明知其获得的知识产权不具有实质意义上正当性，仍以该形式上合法的知识产权对他人提起侵权诉讼并诉请赔偿，系违反民事诉讼诚信原则、滥用诉讼权利的恶意提起知识产权诉讼的行为，应当承担赔偿由此给他人造成的损失等法律责任。

律师简介

闫东伟律师，南京市律协信息网络与高新技术委员会副主任，盈科全国信息网络与高新技术委员会主任，盈科南京律师事务所股权高级合伙人、律师、专利代理师，盈科南京律师事务所合伙人管理委员会副主任、知识产权与互联网法律事务部主任、青年律师工作委员会主任。

南京市律协知识产权法律委员会委员、江苏省律协交通运输法律委员会委员、江苏省律协专业律师人才库成员（知识产权）、江苏省版权协会中心调解员、泰州学院特聘教授（知识产权）、麦田知识产权团队创始合伙人。

权利人虽放弃独立权利，从属权利侵权也成立

——自拍杆实用新型侵权案*

余清凯

所获荣誉

2019 年贵州法院知识产权司法保护十大典型案例。

案情简介

权利人源德盛公司于 2014 年 9 月 11 日申请了名称为“一种一体式自拍装置”的实用新型专利，于 2015 年 1 月 21 日获授权公告，专利号为 ZL201420522729.0。2015 年 2 月 11 日，国家知识产权局对涉案专利作出专利权评价报告，结论为权利要求 1 不符合《专利法》第 22 条第 2 款规定的新颖性。权利要求 2～13 具备《专利法》第 22 条第 2 款规定的新颖性和《专利法》第 22 条第 3 款规定的创造性。权利人从侵权人处公证购买了案涉被诉侵权自拍杆两个，一为玫瑰金色款，一为玫红色款，遂诉至本院。

办案策略及律师工作

本案属于比较典型的案件，需要从权利人主张以从属权利要求确定专利权保护范围的方向进行研究。

本案胜败的核心关键则在于如何证明被控侵权产品的设计方案是否落入权利人主张的专利权保护范围。

承办代理人通过证据整理及梳理，提交共计四组证据。

---

* 贵州省贵阳市中级人民法院（2018）黔 01 民初 1399 号民事判决，最高人民法院（2019）最高法知民终 234 号。

第一组证据:1. 专利号为 ZL ZL201420522729.0 的实用新型专利证书;2. 实用新型专利证书公证书,文书号为(2017)深证字第 127625 号,用于证明:权利人系独家拥有“一种一体式自拍装置”实用新型专利的合法权利人。

第二组证据:实用新型专利权评价报告公证书,文书号为(2017)深证字第 127626 号。

证明权利人的“一种一体式自拍装置”实用新型专利符合申请专利的要求。

第三组证据:侵权证据保全公证书,文书号为(2017)黔筑元盛民字第 3996 号。证明侵权人销售的自拍杆产品并非权利人生产,且涉案商品使用了权利人的实用新型专利,并没有获得权利人授权,侵害了权利人的实用新型专利权。

第四组证据:2017 年 8 月 11 日国家知识产权局专利收费收据、(2017)深证字第 127627 号缴费公证书一份。证明权利人在 2017 年缴纳了 2018 年的专利年费,该专利处于有效期内。

涉案专利权利要求 1 内容如下:一种一体式自拍装置,包括伸缩杆及用于夹持拍摄设备的夹持装置,所述夹持装置包括载物台及设于载物台上方的可拉伸夹紧机构,其特征在于:所述夹持装置一体式转动连接于所述伸缩杆的顶端。

权利要求 2 为,根据权利要求 1 所述的自拍装置,其特征在于:所述载物台上设有一缺口,所述夹紧机构设有一与所述缺口位置相对应的折弯部,所述伸缩杆折叠后可容置于所述缺口及折弯部。

权利要求 3 为,根据权利要求 2 所述的自拍装置,其特征在于:所述伸缩杆包括若干伸缩节。

权利要求 4 为,根据权利要求 3 所述的自拍装置,其特征在于:所述伸缩杆上端设有一连接头,该连接头与所述伸缩杆的最上端伸缩节一体式设置。

权利要求 5 为,根据权利要求 4 所述的自拍装置,其特征在于:所述连接头与所述夹持装置转动连接,且转动连接位置设有锁紧装置。

权利要求 6 为,根据权利要求 3 所述的自拍装置,其特征在于:所述伸缩杆的下端设有手持部,该手持部上设有拍摄按钮。

权利要求 7 为,根据权利要求 6 所述的自拍装置,其特征在于:所述手持部包括一防滑区,所述防滑区设有防滑纹。

权利要求 8 为,根据权利要求 6 所述的自拍装置,其特征在于:所述手持部的底端设有电源开关。

权利要求 9 为，根据权利要求 7 所述的自拍装置，其特征在于：所述手持部的底端设有“USB”接口。

权利要求 10 为，根据权利要求 2 所述的自拍装置，其特征在于：所述载物台的上表面为前端高后端低的曲面。

权利要求 11 为，根据权利要求 10 所述的自拍装置，其特征在于：所述夹紧机构设置于所述载物台的上表面的后端，所述折弯部沿所述载物台的上表面的前端方向凸起。

权利要求 12 为，根据权利要求 11 所述的自拍装置，其特征在于：所述折弯部沿载物台的上表面的前端方向凸起位置设有一提手以及一体式设于提手下方的软垫。

权利要求 13 为，根据权利要求 12 所述的自拍装置，其特征在于：所述提手设有防滑纹。

针对玫瑰金款的侵权产品，可主张以权利要求 2 ~ 7，10 ~ 13 作为专利权保护范围的依据。

对玫红色款的侵权产品，可主张以权利要求 2 ~ 5，7 ~ 13 作为专利权保护范围的依据。

裁判要旨及结果

法院认为案件争议焦点为：1. 被控侵权产品的设计方案是否落入权利人主张的专利权保护范围；2. 权利人诉请赔偿金额 5 万元是否具有合理合法性。

关于焦点一，根据《专利法》第 59 条第 1 款“发明或者实用新型专利权的保护范围以其权利要求的内容为准，说明书及附图可以用于解释权利要求的内容”、《最高人民法院关于审理侵犯专利权纠纷案件应用法律若干问题的解释》第 1 条“人民法院应当根据权利人主张的权利要求，依据专利法第五十九条第一款的规定确定专利权的保护范围。权利人在一审法庭辩论终结前变更其主张的权利要求的，人民法院应当准许。权利人主张以从属权利要求确定专利权保护范围的，人民法院应当以该从属权利要求记载的附加技术特征及其引用的权利要求记载的技术特征，确定专利权的保护范围”的规定，因权利人主张侵权人侵害了其专利的从属权利要求，故本案应当以其主张的权利要求记载的技术特征确定专利权的保护范围。

将被控玫瑰金款、玫红色款侵权产品的技术特征与权利人主张的涉案专利的权利要求2所记载的技术特征进行比对。权利人专利权利要求2的技术特征可以分解为:1.载物台上设有一缺口;2.夹紧机构设有一与缺口位置相对应的折弯部;3.伸缩杆折叠后可容置于缺口及折弯部。

被控玫瑰金款、玫红色款侵权产品对应于权利人专利权利要求2的技术特征均为:1.载物台上有一U形缺口;2.与缺口对应夹紧机构位置有一折弯部;3.伸缩杆折叠后可容置于U形缺口和折弯部。对于以上三项技术特征,权利人专利和被控侵权产品均是在载物台和夹紧机构相应位置设置缺口和折弯,使装置使用后能够收容自拍杆,不需额外占用空间,便于携带,二者的技术特征相同。

将被控玫瑰金款、玫红色款侵权产品的技术方案与权利人主张的专利权利要求3T3的技术特征进行比对。权利人主张的专利权利要求的技术特征为:1.伸缩杆包含若干伸缩节;2.伸缩杆上端设有一连接头,该连接头与所述伸缩杆的最上端伸缩节一体式设置;3.连接头与夹持装置转动连接,且转动连接位置设有锁紧装置;4.伸缩杆的下端设有手持部,该手持部上设有拍摄按钮;5.手持部包括一防滑区,防滑区设有防滑纹;6.手持部的底端设有电源开关;7.手持部的底端设有"USB"接口;8.载物台的上表面为前端高后端低的曲面;9.夹紧机构设置于载物台上表面的后端,折弯部沿载物台上表面的前端方向凸起;10.折弯部沿载物台的上表面的前端方向凸起位置设有一提手以及一体式设置于提手下方的软垫;11.提手上设有防滑纹。

被控玫瑰金款侵权产品与权利人主张的专利权利要求的技术特征相对应的技术方案为:1.伸缩杆包含若干伸缩节;2.伸缩杆顶端有一连接头,连接头与伸缩节顶端一体式设置;3.连接头与夹持装置之间设有转动轴式的连接装置,可手动拧松或者锁紧,便于改变、固定夹持装置的角度和位置;4.伸缩杆底端设有手持部,手持部上设有拍摄按钮;5.手持部有玫瑰金色漆面区域,触感光滑,该区域上端下端各有三条金属凹凸横纹;6.载物台的上表面有外侧高内侧低的弧形曲面;7.可拉伸的夹紧机构位于载物台上表面的后端,折弯部在载物台上表面的前端方向凸起;8.折弯部外侧有一个提手,提手下方有较软圆滑的凸起材质;9.提手上有横向条纹。

对于权利人主张的权利要求对应的第1、2、3、4、5、8、9、10、11项,被控玫瑰金款侵权产品的载物台的缺口和折弯部的形状和位置、伸缩节、连接头、手持拍摄按钮、手持部防滑区和防滑纹的设置、载物台表面的弧形曲面设计以及提手一体式软垫和防滑纹的设置等技术特征均与权利人专利权利要求相同。

综上，被控玫瑰金款侵权产品与权利人主张的从属权利要求对应技术特征相比，有12项技术特征相同。权利人专利技术全面覆盖了被控侵权产品的技术特征，被控侵权产品落入权利人专利权的保护范围。

被控玫红色款侵权产品与权利人主张的专利权利要求的技术特征相对应的技术方案为：1. 伸缩杆包含六节伸缩节；2. 伸缩杆顶端有一连接头，连接头与伸缩节顶端一体式设置；3. 连接头与夹持装置之间设有转动轴式的连接装置，可手动拧松或者锁紧，便于改变或者固定夹持装置的角度和位置；4. 手持部由三瓣可分开塑胶合拢而成，三瓣塑胶分开后可在底部锁紧形成三角支架，便于水平放置拍摄；5. 载物台的上表面有外侧高内侧低的弧形曲面；6. 可拉伸的夹紧机构位于载物台上表面的后端，折弯部在载物台上表面的前端方向凸起；7. 折弯部外侧有一个提手，提手下方有较软圆滑的凸起材质；8. 提手上有横向条纹。

对于权利人主张的权利要求第1、2、3、8、9、10、11项技术特征，被控玫红色款侵权产品的载物台的缺口和折弯部的形状和位置、伸缩节、连接头、锁紧装置、载物台表面的弧形曲面设计以及提手一体式软垫和防滑纹的设置等技术特征均与权利人专利权利要求相同。

对于第5项对应的技术特征，权利人专利和被控侵权产品的技术特征的区别在于，权利人专利的手持部设有防滑区，防滑区设有防滑纹，被控侵权产品的手持部则用三瓣可分开竖向塑料材质代替，该设计在打开状态下可将塑料材质分开锁紧于手持底部形成三角支架，水平放置拍摄。在收拢状态下手持自拍杆时能够通过塑料材质之间的缝隙和材质本身的触感实现防滑功能，与权利人专利的防滑区和防滑纹的技术特征相同。

对于第6、7项对应的技术特征，被控侵权产品的手持部底部并没有电源开关和USB接口，因此被控侵权产品对应于权利人专利的技术特征不相同或者等同。

综上，被控玫红色款侵权产品与权利人主张的从属权利要求对应技术特征相比，有11项技术特征相同。权利人专利技术全面覆盖了被控侵权产品的技术特征，被控玫红色款侵权产品落入权利人专利权的保护范围。

关于焦点二，侵权人贵阳市经开区新大众手机经营部销售的玫瑰金款自拍杆和玫红色款自拍杆落入了权利人源德盛公司主张的专利权保护范围,侵权人应当承担相应的民事责任。

法院一审判决贵阳市经开区新大众手机经营部立即停止销售侵权产品并销毁库存;赔偿源德盛塑胶电子(深圳)有限公司经济损失及合理费用10000元。

二审以调解结案。最高人民法院仅对判决金额部分进行了调解。

律师评析

(一)典刑意义

从属权利要求是用附加的技术特征,对所引用的独立权利要求作进一步限定,其所保护的范围一定小于其所从属的独立权利要求。当独立权利要求不具备新颖性时,其附属的从属权利要求并不当然不具备新颖性;此时在对从属权利要求的新颖性进行评价时,应结合从属权利要求附加限定的技术特征综合判定。

(二)法律评析

专利权利要求书中的从属权利要求附属于独立权利要求,当独立权利要求不具备新颖性或创造性时,从属权利要求当然不具备新颖性或创造性。此种观点乍一看符合逻辑,正所谓"皮之不存,毛将焉附?",然事实果真如此吗?

独立权利要求与从属权利要求是按照权利要求的内容来进行划分的。独立权利要求从整体上反映发明或者实用新型的技术方案,而从属权利要求用附加的技术特征,对引用的权利要求作进一步限定。如果从属权利要求增加的技术特征能够使其区别于现有技术,那即使独立权利要求没有新颖性,从属权利要求也具有新颖性。独立权利要求的保护范围大于从属权利要求,既然保护范围大的独立权利要求都有新颖性,保护范围相对限缩的从属权利自然也应该有。从属权利要求的范围比独立权利要求要小,从属权利要求都没有创造性,那独立权利要求更不可能有创造性。从属权利要求是对独立权利要求的限定,即使独立权利要求具有实用性,从属权利要求也可以加入一些不具备实用性的技术特征,导致失去实用性。因此,独立权利要求与从属权利要求之间,虽然从逻辑上彼此互相依存,存在主次关系。然而在具体案件中判断时,还得具体情况具体分析,不能一概而论。本案实用新型专利的独立权利要求不具备新颖性,权利人主张以从属权利要求确定专利权保护范围时,在被控侵权产品与权利人主张的从属权利要求对应技术特征进行比对,存在技术特征相同的情况下,应认定被控侵权产品落入权利人专利权的保护范围。

律师简介

余清凯律师，贵州大学法学学士，现任贵阳市律师协会知识产权专业委员会主任，北京市盈科（贵阳）律师事务所知识产权法律事务部主任、高级合伙人。

获得盈科全国2016年度"知识产权法律事务领域"优秀律师称号，荣获盈科律师事务所2019年"优秀知识产权律师"称号。

与原告子公司经营业务重合，使用与原告相同的字号，仍构成不正当竞争

——卓尔航空科技与卓尔控股商标与不正当竞争纠纷案*

罗小春　储　涛

所获荣誉

安徽省高级人民法院“2019 年知产司法保护 10 大典型案例”。

案情简介

卓尔控股有限公司(以下简称卓尔控股公司)成立于 2007 年 9 月 29 日，是中国企业 500 强，拥有多重品牌和下属加工企业。2008 年 7 月 2 日，卓尔控股公司申请“卓尔”文字商标注册，2010 年 5 月 7 日获得核准注册，核定使用在第 36 类“保险、金融服务、金融管理、不动产管理等”服务项目上。卓尔控股公司于 2013 年 10 月 23 日设立武汉卓尔航空投资有限公司、2014 年 8 月 4 日设立武汉卓尔航空城投资有限公司、2014 年 6 月 5 日设立卓尔通用航空有限公司，主要制造轻型工业级无人机，卓尔控股公司逐步演变成一家投资公司，其商业地产、金融和航空业务均由其旗下不同的子公司独立运营，但品牌运营管理由卓尔控股同意管理。

2018 年年初，卓尔控股公司发现安徽卓尔航空科技有限公司(以下简称安徽卓尔公司)在官网及各航空展览会等场合以“卓尔航空科技”“卓尔航空”“卓尔螺旋桨”为标题对外宣传“螺旋桨”等飞行器配件产品，并将第 6817605 号商标“卓尔”作为企业名称的字号使用，容易使相关公众误认为安徽卓尔公司及其产品与卓尔控股公司之间存在特定联系，构成商标侵权及不正当竞争。

经团队律师调查发现，安徽卓尔的股东早在 2005 年设立郑州劲旋风航空

---

* 安徽省高级人民法院(2019)皖民终 1049 号民事判决书。

运动器材有限公司，并申请了“劲旋风”“JXF”“XOAR”注册商标，安徽卓尔公司成立后，“劲旋风”“JXF”“XOAR”注册商标陆续转让到安徽卓尔名下。

办案策略及律师工作

在权利商标的举证上尽可能的收集证据，证明权利商标的知名度及美誉度，已达驰名状态，请求给予跨类保护；并在侵权人的企业规模、侵权持续时间及恶意上举证，主张惩罚性赔偿：

1. 按驰名商标要求组织证据，主张“卓尔”商标有极高知名度。

2. 利用搜索引擎收集第三方对卓尔控股公司的报道，组织卓尔控股公司在关联类别的投资情况，特别是在航空投资、地产领域的投资情况及投资企业的发展情况，证明卓尔控股在地产、航空等领域有极高知名度，安徽卓尔经营的产品与卓尔控股子公司业务重合，很容易让公众误认为安徽卓尔是卓尔控股的子公司。

3. 汇总卓尔控股公司旗下带“卓尔”字号的关联公司，强化“卓尔”商标及字号的识别度及影响力。

4. 收集侵权人官网新闻报道，汇总其历年参加展会、博览会及展销会规模，及其销售范围及地域的宣传报道，展示侵权人的侵权情节。

5. 收集侵权人的股东在侵权人成立之前设立公司的名称、注册商标及主营业务情况，证明侵权人将“卓尔”作为企业字号没有正当性，有明显的攀附故意。

裁判要旨及结果

安徽省高级人民法院二审认为：在安徽卓尔公司成立前，卓尔控股公司涉案“卓尔”商标在其注册经营领域已取得一定知名度。此外，卓尔控股公司还在全国范围内投资设立多家使用“卓尔”字号的关联公司，涉及地域、行业范围广泛，进一步强化了“卓尔”商标及字号的识别度和影响力。2013 年、2014 年，卓尔控股公司在航空器材及相关行业领域使用“卓尔”标识直接或间接投资多家企业，并于 2014 年由其关联企业注册取得“卓尔航空”商标，卓尔控股公司及其“卓尔”字号影响力及于航空器材及相关行业领域。安徽卓尔公司作为近似行业领域中成立在后的企业，在没有合理理由的情况下，在登记字号时理应规避行业中已有一定影响的标识字号，但其仍然登记使用“卓尔”字号，并在网页、宣传资料上使用"卓尔""卓尔航空科技""卓尔螺旋桨"等文字,容易使相关公众误以为其与卓尔控股公司之间存在投资、许可使用等特定联系,构成对卓尔控股公司的不正当竞争。

安徽省合肥市中级人民法院一审判决:一、安徽卓尔公司于判决生效之日起十日内停止在公司名称中使用"卓尔"文字;二、安徽卓尔公司于判决生效之日起十日内赔偿卓尔控股公司经济损失200000元(含合理开支费用);三、安徽卓尔公司立即删除其官网(www. xoar. aero)所有包含"卓尔"文字内容,并在其官网首页位置登载声明(以法院审核后为准),以消除因不正当竞争行为给卓尔控股公司造成的不良影响;四、驳回卓尔控股公司的其他诉讼请求。安徽省高级人民法院二审判决:驳回上诉,维持原判。

律师评析

(一)典型意义

卓尔控股早在2013年取得"卓尔"驰名商标,对应的商品和服务为房地产开发,卓尔控股自身并不直接经营航空器、航空器零部件的研发和制造,卓尔控股在2014年就开始布局了航空领域,成立子公司独立运营航空业务。单纯从业务重合度看,安徽卓尔公司并不从事房地产开发,与卓尔控股无直接竞争关系,如按1993年颁布的《反不正当竞争》(以下简称《反不正当竞争法(93版)》)的规定,似乎不构成不正当竞争。但毕竟卓尔字号有较高的知名度,且旗下有多家"航空类"的公司,客观上容易造成相关公众误认为安徽卓尔系卓尔的关联公司,而安徽卓尔有没有合理理由解释为什么将卓尔作为其字号,恰恰相反,从安徽卓尔股东过往成立的公司名称及所使用的的商标看,其将"卓尔"作为其字号明显是有意搭便车。本案侵权行为持续到2018年,可以适用2017年修订的《反不正当竞争法》(以下简称《反不正当竞争法(17版)》)规定判断安徽卓尔是否构成不正当竞争。

本案对竞争关系的判断,法院没有局限于原告自己的经营范围,而是综合考虑到原告及原告子公司的经营范围综合判断,这得益于《反不正当竞争法(17版)》对不正当竞争的立法规则调整。安徽省高级人民法院认为,卓尔控股公司字号"卓尔"具备一定影响力,其投资的企业注册取得"卓尔航空"商标,卓尔控股公司及其"卓尔"字号影响力及于航空器材及相关行业领域,故权利人与被控侵权人之间存在间接竞争关系,据此认定被诉不正当竞争行为成立。本案秉承对较高知名度的企业商业标识应当给予更高程度保护的司法导向,从宽认定市场主体之间的"竞争关系",为妥善审理不正当竞争纠纷树立了裁判规则。

《反不正当竞争法（93 版）》第 5 条规定："经营者不得采用下列不正当手段从事市场交易，损害竞争对手：（一）假冒他人的注册商标；（二）擅自使用知名商品特有的名称、包装、装潢，或者使用与知名商品近似的名称、包装、装潢，造成和他人的知名商品相混淆，使购买者误认为是该知名商品；（三）擅自使用他人的企业名称或者姓名，引人误认为是他人的商品；（四）在商品上伪造或者冒用认证标志、名优标志等质量标志，伪造产地，对商品质量作引人误解的虚假表示。"显然，使用他人字号构成不正当竞争的前提是：（1）原被告之间存在竞争关系；（2）使引人误认为是他人商品。虽然最高人民法院于 2006 年颁布了《关于审理不正当竞争民事案件应用法律若干问题的解释》，对不正当竞争行为进行了细化，但仍未完全突破前述两个必要条件。

（二）法律评析

市场经济的活跃性促使企业发展到一定阶段走向集团化发展、多业务发展是大势所趋，新业务往往成立子公司独立运营，新的业务进一步增强了其企业字号的知名度和影响力。市场越活越，同时意味着竞争越激烈，利益的驱使，不正当竞争的行为也是日新月异，这时《反不正当竞争法（93 版）》难以适应当下的经济环境。

《反不正当竞争法（17 版）》对不正当竞争的构成要件进行了调整，其第 6 条规定："经营者不得实施下列混淆行为，引人误认为是他人商品或者与他人存在特定联系：（一）擅自使用与他人有一定影响的商品名称、包装、装潢等相同或者近似的标识；（二）擅自使用他人有一定影响的企业名称（包括简称、字号等）、社会组织名称（包括简称等）、姓名（包括笔名、艺名、译名等）；（三）擅自使用他人有一定影响的域名主体部分、网站名称、网页等；（四）其他足以引人误认为是他人商品或者与他人存在特定联系的混淆行为。"很显然，《反不正当竞争法（17 版）》不再将不正当竞争限于原被告之间有直接竞争关系和造成商品混淆，而是只要引人误认为是他人商品或与他人存在特定联系，都构成不正当竞争，且扩大到企业字号、简称，大大扩大了不正当竞争的范围，满足了当下经济环境的需要，充分体现了"鼓励保护公平竞争"这一立法宗旨。

对于何谓"存在特定关系"，《反不正当竞争法》及司法解释没有明确，结合相关案例按，"存在特定关系"包括可能的投资关系、产品上下游的关联关系、加盟代理关系等，只能让相关公众认为二者有关联，都可能构成"存在特定联系"。

律师简介

罗小春律师，北京盈科（武汉）律师事务所高级合伙人律师，管委会副主任、党委副书记、女工委主任。盈科（武汉）律师事务所调解室副主任。武汉市律师协会知识产权委员会委员。武汉市海外知识产权维权服务指导中心专家库专家、武汉市中级人民法院特邀调解员。

储涛律师，北京盈科（武汉）律师事务所律师，知识产权部主任、业务指导委员会委员。第三届盈科全国知产委副主任。湖北大学专业硕士研究生校外导师、武汉市知识产权服务协会标准化委员会委员、武汉市海外知识产权维权服务指导中心专家库专家、武汉市知识产权局专家库成员。

商标被许可方故意混用被许可商标和自有商标案

——扬州足春堂足浴保健发展有限公司与滁州市南谯足韵堂足浴会所、滁州开发区足韵堂足浴馆等侵害商标权纠纷案*

陆小芳

所获荣誉

扬州市中级人民法院"2016 年知识产权司法保护十大典型案例"。

案情简介

涉案"足春堂"商标于 2010 年核准注册，核定服务项目包括保健、按摩等。后陈某加盟原告扬州足春堂足浴保健发展有限公司(以下简称足春堂公司)，于 2011 年成立滁州市南谯足春堂足浴会所(2015 年 12 月更名为滁州市南谯足韵堂足浴会所，以下统称南谯足韵堂)。2014 年 2 月，陈某成立了滁州开发区足韵堂足浴馆(以下简称开发区足韵堂)。在加盟期内，陈某未经足春堂公司同意，在南谯足韵堂门头使用"足春堂"标识，店堂内悬挂使用"足韵堂"标识。开发区足韵堂的 VIP 卡在两店可以通用，而且将开发区足韵堂称为"总店"、将南谯足韵堂称为"二店"。足春堂公司诉至法院，请求判令南谯足韵堂和开发区足韵堂停止使用"足韵堂"标识，赔偿损失 24 万元及合理费用 1.56 万元。

办案策略及律师工作

本案起诉前足春堂公司与两被告的经营者陈某曾发生多次诉

---

* 扬州市广陵区人民法院(2015)扬广知民初字第 00051 号。

讼。本案被告陈某不履行双方间加盟合同的约定,连续数月不缴纳管理费,经原告催要后仍不改正,原告发函解除了双方之间的加盟合同,后诉至滁州市中级人民法院及安徽省高级人民法院。其间,陈某又在滁州市中级人民法院起诉足春堂公司违反加盟合同约定,在同一区域内允许宋某某开设加盟店。双方你来我往,恩怨不断,各有胜负。

具体回到本案,陈某意识到加盟合同到期后如不续签,将不能再使用"足春堂"商标等加盟体系,即开始着手建立自己的品牌"足韵堂"。经向原告了解,陈某在加盟期内违反了不能开设分店的约定,开设了另一家足浴店开发区足韵堂,同时在现有的加盟店内同时使用"足春堂"和"足韵堂"标识。

了解到陈某的多个侵权和违约行为后,代理律师即着手进行调查取证工作。取证过程分为三次:1. 原告代理律师和公证员前往南谯足韵堂,进行了门头和大堂内部的拍摄取证。2. 原告派员工前往南谯足韵堂消费,办理 VIP 卡并获取消费小票一张。3. 原告代理律师前往开发区足韵堂调查、使用 VIP 卡消费一次、获取小票一张,取得门店经理名片一张,并前往当地工商部门调取了两店的工商登记信息。

在获得足够证据后,足春堂公司在扬州市广陵区人民法院依法起诉南谯足韵堂以及开发区足韵堂。两被告对原告在广陵区人民法院诉讼提起管辖异议,认为该案应由滁州市中级人民法院管辖,原告认为其与陈某在 2010 年 7 月 25 日签订的《加盟合同》中约定,合同中发生纠纷的,可向当地人民法院提起诉讼。涉案合同只有两个当事人,既可以是上诉人足春堂公司所在地的广陵区人民法院,也可以是陈某所在地的滁州市中级人民法院,原告选择在广陵区人民法院起诉并无不当,广陵区人民法院支持了原告的观点,驳回两被告的管辖异议,两被告不服上诉至扬州市中级人民法院,扬州市中级人民法院维持了一审裁定。

一审判决两被告侵权事实成立后,两被告不服上诉至扬州市中级人民法院,上诉理由是足春堂公司法定代表人曾同意陈某继续使用"足春堂"商标,为此两被告提供了电话录音及照片一组。原告对此的质证意见是,虽然原告同意被告对门头和内部装潢进行逐一整改,但是有期限的,也不代表其可以同时使用足春堂和足韵堂。因此二审法院也没有采信两被告意见,最终维持原判。

本案代理律师除了主张商标侵权外同时还主张被告构成不正当竞争。这样做的初衷是，如果被告使用“足韵堂”商标的事实因为与“足春堂”商标具有差异性而被认定不构成侵权，原告仍可以根据《反不正当竞争法》第 2 条的规定获得保护。后因一审法院认定本案所述侵权行为能够为《商标法》所规制，故本案无须再适用《反不正当竞争法》。但代理律师这样主张也是一种有备无患的做法，知识产权案件的判定日新月异，裁判的标准和尺度以及司法政策的变化对案件的审理影响很大，在没有先例的情况下，多增加一项请求可以更好地保障委托人的利益。

裁判要旨及结果

南谯足韵堂同时使用“足春堂”商标和“足韵堂”标识的行为，侵害了足春堂公司的商标权。第一，南谯足韵堂分期对内外装潢进行整改，存在攀附“足春堂”商标的故意。陈某经营的开发区足韵堂在 2013 年 12 月即开始试营业，足以说明相关“足韵堂”标识的内外装潢均已设计并施工完成，南谯足韵堂有条件同时对内外装潢同时整改却分期整改，而且分期整改的时间跨度较长，足以说明南谯足韵堂存在使用“足韵堂”标识攀附“足春堂”商标商誉的故意。况且，南谯足韵堂对于门头整改的理由前后陈述不一，先陈述为了减少损失而沿用，后陈述系装修设计期间；对于门头整改的日期也陈述不一，且未提交门头整改的有效证据，故法院对南谯足韵堂未同时使用“足春堂”商标和“足韵堂”标识的上诉理由不予采纳。第二，南谯足韵堂同时使用“足春堂”商标和“足韵堂”标识，容易导致相关消费者认为两个标识所指向的商业来源具有同一性，从而影响“足春堂”商标识别功能的正常发挥，而且由于在先混用行为的存在，当许可使用关系终止后，两个不同的标识独立使用于同类服务时，消费者仍然会认为该两种服务出于同一商业来源，进而产生市场混淆，故该行为构成商标侵权。第三，《商标法》第 57 条第 7 项规定的“给他人的注册商标专用权造成其他损害的”行为，是一项开放性的规定，《最高人民法院关于审理商标民事纠纷案件适用法律若干问题的解释》第 1 条并未对该项规定进行穷尽列举，故南谯足韵堂的行为侵犯了足春堂公司的商标权。

开发区足韵堂与南谯足韵堂构成共同侵权。两者系同一经营者，开发区足韵堂的 VIP 卡可以通用，而且将开发区足韵堂称为“总店”、将南谯足韵堂称为“二店”，在南谯足韵堂同时使用“足春堂”商标和“足韵堂”标识时，开发区足韵堂的上述行为足以使得相关消费者认为其与门头为“足春堂”的南谯足韵堂系连锁店，进而将开发区足韵堂与“足春堂”商标之间产生误认和混淆，故开发区足韵堂与南谯足韵堂共同侵害了“足春堂”商标权。

判决结果：

1. 滁州市南谯足韵堂足浴会所于2016年8月18日立即停止同时使用“足春堂”商标和“足韵堂”标识的行为。

2. 滁州市南谯足春堂足浴会所、滁州开发区足韵堂足浴馆于2016年8月18日起15日内共同赔偿扬州足春堂足浴保健发展有限公司经济损失及合理开支共计人民币5万元。

律师评析

（一）典型意义

本案结果有效遏制了商标被许可方故意混用标识、攀附知名品牌的侵权行为，有力打击了违反合同约定及法律法规的恶劣行径，实实在在保护了足春堂公司的合法权益，荣登扬州市中级人民法院2016年度知识产权司法保护十大典型案例之首，具有极强的借鉴和指导作用。该案也给广大的加盟商以启示，即“恪守合同约定，别有攀附心理”，商标的价值是靠长年的市场打拼，靠产品和服务积累出来的，“搭便车”行为终究逃不过法律的制裁。

（二）法律评析

本案被告无论是使用自有商标还是使用许可商标似乎都具有合法性，单独使用并不构成侵权，但是被告的“聪明”之处却是将两者混用，是否有“搭便车”的心理，构成侵权呢？办案律师也是多方查找法律法规、案例，请教同行专家，得出的结论是：商标的基本功能是识别商品和服务来源，任何商标的单独使用即使具有合法性，如果混合使用使得消费者对该商品或服务的来源产生混淆或误认也违反了商标法的一般原理，该行为具有不正当性，故而向法院依法起诉，最终两审法院均采信了原告律师的代理意见：认为同一服务标注被许可商标和自有标识的行为，该行为使得同一服务出现两个商业来源，极易导致相关消费者认为两个标识所指向的商业来源具有同一性，从而损害被许可商标的识别功能。

律师简介

陆小芳律师，专利代理师，同济大学法律硕士，曾被江苏省司法厅、律师协会公派赴澳大利亚维多利亚大学进修，并进入墨尔本 Lincolns Lawyers & Consultants 律师事务所实习工作。陆小芳目前担任北京市盈科(扬州)律师事务所党支部书记、知识产权部主任、盈科全国知识产权专业委员会副秘书长、江苏省律师协会知识产权委员会委员、扬州市律师协会知识产权和电子商务信息网络委员会副主任。执业领域为专利、商标、著作权、商业秘密及不正当竞争领域。

“足春堂”与“春足堂”近似否？

——扬州足春堂足浴保健发展有限公司与建湖县近湖春足堂足浴保健馆、苏某某侵害商标权及不正当竞争纠纷案*

陆小芳

所获荣誉

盐城市中级人民法院“2017年度知识产权司法保护十大典型案例”。

案情简介

原告扬州足春堂足浴保健发展有限公司（以下简称足春堂公司）为“足春堂”注册商标权利人，“足春堂”注册有效期自2010年1月14日至2020年1月13日，核定实用商品（第44类）保健、按摩、心理专家、美容院、芳香疗法、医院、文身、花卉摆放、疗养院、眼镜行。原告系全国著名的加盟企业，在北京、上海、江苏、安徽等地均有直营店、加盟店、技术联营店。2016年7月，原告发现被告建湖县近湖春足堂足浴保健馆（以下简称建湖保健馆）在未经原告许可的情况下，在字号、店招、文件，物品上使用“足春堂”注册商标。被告苏某某自2014年9月12日至2016年6月6日开设了“建湖县春足堂足疗保健会所”，与被告建湖保健馆经营住址相同，且开设时间交叉重叠长达1年2个月，两家字号实际是一个经营实体，故两被告应当共同承担赔偿责任。原告遂诉至法院请求判令被告立即停止商标侵权。

---

* 盐城市中级人民法院（2017）苏民初126号民事判决书。

办案策略及律师工作

本案源于原告足春堂公司收到来自盐城建湖的消费者投诉电话，消费者投诉称其在建湖县足春堂店内消费拔火罐，拔火罐的中医疗法的师傅操作不当导致其烧伤，因此投诉至足春堂公司要求原告赔偿。收到投诉后，原告十分诧异，原告并未在盐城建湖开设加盟店，怎会发生此事？显然是“山寨店”在其中作祟，原告决定委托代理律师维权。

律师首先查询了该店的工商登记信息，确定“山寨店”的准确地址后带领公证人员驱车300公里前往上述店面进行公证取证。接着到当地工商登记部门查询该店的经营者信息，查询结果令人吃惊，该店址曾经有两家足浴机构，一家即是本案陶某某经营的建湖保健馆，另一家是苏某某经营的建湖县春足堂足疗保健会所，两店同时存在1年2个月，建湖县春足堂足疗保健会所已经于取证前三个月注销。到底是哪个经营主体侵犯了原告的合法权益呢？如果只起诉其中一家，被告必然将责任推给另一家。为防推诿，原告决定将两家店一同作为被告起诉。2017年春，原告向盐城市中级人民法院起诉，同时主张商标侵权和不正当竞争，并且尝试请求适用惩罚性赔偿。经过审理，法院支持商标侵权和不正当竞争成立，但是在侵权赔偿数额上仅支持了3万元，更别提惩罚性赔偿原则的适用。本案代理律师异地公证取证、起诉多次、开庭数次，该案也被受理法院列为年度十大典型案例之一，为何仅仅判决被告赔偿原告3万元？

代理律师认为，知识产权赔偿数额受限于受理法院所在地区的经济水平和知识产权的保护力度，本案的受理时间是2016～2017年，时间较早，盐城位于苏北地区，经济发展与苏南和苏中地区相比较落后，尽管原告曾经起诉被告一次，于第二次要求适用惩罚性赔偿，但该原则的适用未有先例，受理法院采取此种谨慎的做法也在情理之中。

裁判要旨及结果

本案的争议焦点在于：1. 被告是否存在侵权原告商标专用权的行为；2. 如果被告构成侵权，应当承担何种法律责任。

盐城市中级人民法院经审理认为，本案中，建湖保健馆存在商标侵权及不正当竞争行为，依法应当承担停止侵权、消除影响、赔偿损失的民事责任。被告的经营范围及方式为足浴保健服务，其提供的服务与涉案注册商标的核定服务项目相近,属于同类服务项目。第5708613号"足春堂"注册商标有效期开始于2010年1月14日,并且经过长期使用在足浴保健按摩服务行业中已经具有较高的知名度,为相关公众所知悉。被告建湖保健馆的企业名称核准日期为2015年4月10日,晚于第5708613号"足春堂"商标的注册时间。作为同行业的竞争者,陶某某将"春足堂"作为个体工商户的字号加以注册并使用,主观上具有攀附"足春堂"商标知名度的故意,客观上容易使相关公众对服务提供者的身份产生误认,进而损害足春堂公司利益,使其不当获利。建湖保健馆的行为违背了诚实信用的原则和公认的商业道德,构成不正当竞争行为。被告经营场所的店招、门头装潢、室内陈设以及服务设备上使用"足春堂"字样的标识,与原告的商标构成相同或相似,易使相关公众对商标的来源产生误认或者认为其来源与原告注册商标的服务有特定的联系,其攀附原告商誉的主观故意明显,故依法认定被告的行为侵犯了原告享有的注册商标专用权。关于赔偿数额,法院在综合考虑侵权行为的性质、侵权行为持续的期间、侵权行为所造成的后果、涉案商标的知名度及制止侵权行为的合理开支等因素后,确定赔偿数额为3万元。

故最终法院判令被告建湖保健馆:

1. 即日起停止侵犯第5708613号"足春堂"注册商标专用权,拆除销毁带有"足春堂"字样的宣传资料、文件资料、店招等,即日起停止使用带有"春足堂"字样的企业名称;

2. 于判决生效之日起十日内赔偿原告扬州足春堂足浴保健发展有限公司经济损失及合理开支3万元。

律师评析

(一)典型意义

本案件给予我们重要的启示:市场经营者在经营过程中不能存在攀附品牌的心理,对同领域内他人已经享有较高知名度的注册商标或品牌应当在生产经营的过程中需要做一些避让,防止因混淆而产生相应的法律责任。一个优秀品牌形象的树立是长期努力的结果,商标的价值不仅在于它本身,还在于其背后承载的商誉,一个新设立的店铺借他人商标的"东风",导致消费者对商品或服务的来源产生误认,会让消费者对该产品或服务产生错误的信赖感,运营不善完全可能影响该商标长久以来树立起的良好形象,直接影响到商标的价值。因此,对于这种行为应当进行打击。这样的规制不仅能让更多人重视商标的价值,鼓励更多商家通过注册商标来对品牌进行保护,而且能创造更加良好的市场竞争环境。

（二）法律评析

被告为了攀附“足春堂”商标的声誉，可谓费尽心思。在经营过程中使用含有与“足春堂”近似的“春足堂”字样的企业名称，并在经营场所门头、装潢中直接使用与“足春堂”相同或近似的标识，很容易使消费者误认为其经营的足浴保健馆等场所与原告扬州足春堂公司存在某种关联关系，从各个角度来说都损害了公平竞争的市场秩序。

本案发生于2017年前，根据2017年修订的《商标法》第58条规定：“将他人注册商标、未注册的驰名商标作为企业名称中的字号使用，误导公众，构成不正当竞争行为的，依照《中华人民共和国反不正当竞争法》处理”。根据1993年《反不正当竞争法》第2条第1款、第2款规定：“经营者在市场交易中，应当遵循自愿、公正、公平、诚实信用的原则，遵守公认的商业道德。本法所称的经营者，是指从事商品经营或者营利性服务（以下所称商品包括服务）的法人、其他从事经济组织和个人”。第5条规定：“经营者不得采用下列不正当手段从事市场交易，损害竞争对手：……（三）擅自使用他人的企业名称或者姓名，引人误认为是他人的商品……”。《最高人民法院关于审理不正当竞争民事案件应用法律若干问题的解释》规定：具有一定的市场知名度、为相关公众所知悉的企业名称中的字号，可以认定为反不正当竞争法第五条第（三）项规定的“企业名称”。故，被告企业名称中使用“春足堂”的名称行为构成不正当竞争行为。

被告建湖保健馆的经营范围及方式为足浴保健服务，其提供的服务与涉案注册商标的核定服务项目相近，属于同类服务项目。涉案注册商标的有效期开始于2010年1月14日，在足浴保健按摩服务领域已具有较高的知名度。建湖保健馆在2015年4月10日才经工商部门核准开业，而其在扬州足春堂公司2016年9月8日消费取证前，就在其经营场所的店招、门头装潢、室内陈设以及服务设备上使用“足春堂”字样的标识，与原告扬州足春堂公司主张权利的第5708613号“足春堂”商标构成相同或相似，易使相关公众对商标的来源产生误认或者认为其来源与扬州足春堂公司注册商标的服务有特定的联系。建湖足浴保健馆攀附扬州足春堂公司商誉的主观故意明显，故依法认定建湖足浴保健馆的行为侵犯了扬州足春堂公司享有的注册商标专用权。

律师简介

陆小芳律师，专利代理师，同济大学法律硕士，曾被江苏省司法厅、律师协会公派赴澳大利亚维多利亚大学进修，并进入墨尔本 Lincolns Lawyers & Consultants 律师事务所实习工作。陆小芳目前担任北京市盈科（扬州）律师事务所党支部书记、知识产权部主任、盈科全国知识产权专业委员会副秘书长、江苏省律师协会知识产权委员会委员、扬州市律师协会知识产权和电子商务信息网络委员会副主任。执业领域为专利、商标、著作权、商业秘密及不正当竞争领域。

侵犯知识产权刑事案件的有效辩点之侵犯商业秘密罪的损失认定

——李某、周某、詹某涉嫌侵犯商业秘密罪案*

王南海

所获荣誉

福州市中级人民法院“2018—2019 年福州法院知识产权司法保护十大案例”;福州市鼓楼区人民法院“知识产权司法保护十大案例”。

案情简介

被告人李某原系 A 公司销售经理,被告人周某原系 A 公司技术研发人员,被告人詹某原系 A 公司装配工人。2017 年 6 月,被告人李某从 A 公司离职,投资成立 B 公司,李某担任 B 公司总经理兼法定代表人,聘请被告人周某担任技术研发人员、被告人詹某担任副厂长负责日常行政管理及机械装配。2017 年 9 月,被告人李某、周某利用从 A 公司带出的“香菇套袋机”和“冲孔贴胶机”的设计图纸,生产出与 A 公司具有同样功能的“香菇套袋机”和“冲孔贴胶机”,先后销往四川、河北等地,被告人詹某明知李某、周某利用 A 公司的设计图纸进行设计仍组织工人装配生产。

经鉴定,A 公司的“香菇套袋机生产线”(包括“香菇套袋机”和“冲孔贴胶机”)部分设计图纸中所记载的设计尺寸、公差配合、表面粗糙度、特殊工艺、特定材质、部件分级以及零件的名称及编号等具体技术参数的组合、香菇套袋机下制袋撑抓机构设计属于《反不正当竞争法》所称的“不为公众所知悉”的技术信息。B 公司食用菌包装机图纸与 A 公司香菇套袋机图纸比对,相同或实质相同的比例约为 74%;B 公司冲孔胶机中的技术信息与 A 公司构成相同或实质

---

* 福建省福州市鼓楼区人民法院(2018)闽 0102 刑初 961 号刑事判决书。

相同;B 公司的食用菌装机下制袋撑抓机构与 A 公司实质相同。

经审计,A 公司 2017 年度平均每台全自动食用菌培养料袋生产线销售价格为 188513.51 元。B 公司自成立起至 2018 年 3 月 1 日已与其他公司签订销售香菇套袋机、冲孔贴胶机合同 31 台,已实际销售 6 台香菇套袋机和 5 台冲孔贴胶机,已履行合同给 A 公司造成的合同销售额毛利润影响金额为 460729.1 元,已签约尚未履行合同给 A 公司造成的合同销售额毛利润影响金额为 780354.5 元。

经审理,法院认定:A 公司生产"香菇套袋机"和"冲孔贴胶机"、相关设计图纸技术信息属于商业秘密。A 公司损失总额为实际履行合同销售额毛利润影响 460729.1 元与差价损失 287189.14 元,共计 747918.24 元。被告人李某、周某违反权利人有关保守商业秘密的要求,使用其所掌握的商业秘密,被告人詹某明知或应知上述行为,仍与周某、李某共同使用商业秘密,给商业秘密权利人造成损失达 747918.24 元,应当以侵犯商业秘密罪追究其刑事责任。

办案策略及律师工作

经办律师主要从以下几个方面进行充分辩护:

1. 涉案技术信息未采取有效具体的保密措施,不属于商业秘密范畴。

侵犯商业秘密罪首先要认定对象是否为商业秘密。商业秘密的其中一个构成要件便是是否采取了保密措施。所谓"权利人采取保密措施",包括限定涉密信息的知悉范围,只对必须知悉的相关人员告知其内容;对于涉密信息载体采取加锁等防范措施;在涉密信息的载体上标有保密标志;对于涉密信息采用密码或者代码等;签订保密协议;对于涉密的机器、厂房、车间等场所限制来访者或者提出保密要求等确保信息秘密的其他合理措施。

具体到本案,A 公司并没有具体的保密措施,若仅凭《员工手册》记载的表面性文书及利害关系人的相关陈述,辩护人认为其采取保密措施的方式并不符合法律规定,并不构成商业秘密。若不构成商业秘密,自然不存在侵犯商业秘密罪。

2. 公诉机关认为权利人造成的经济损失 2045431.26 元,该金额计算方式有误,证据不足,不应被采纳。

关于损失的计算,公诉书中认为包括研发费用、B 公司获利及客户差价损失。

从研发费用来看,(1)商业秘密未进入公知领域,权利人仍然在享受研发成果,研发费用不能简单算为全部损失。(2)审计报告中仅仅体现一些项目合计费用,并无任何体现费用清单,A 公司提供的数据是否有误不得而知,该数据必须质证方可采纳。(3)研发费用中含有平菇机,该金额应去除。(4)起始时间计算有误,2017 年 1 月 A 公司已经开始销售香菇机,而研发费用的计算时间却截至 2017 年 5 月,明显计算有误。

从 B 公司获利来看,(1)审计报告成本计算错误:毛利的审计报告中,成本第三项有严重的错误,将 3 台成本计算为 1 台成本。(2)套袋机单双层区分问题:A 公司销售的香菇机按照功能分为“单层套袋机”或“双层套袋机”,而 B 公司所售卖的机台均为“双层套袋机”,单层套袋比双层套袋少一组机构,所以双层套袋成本较高,而审计报告中采用平均法将单层套袋和双层套袋香菇机成本直接平均计算为单台成本为 10.6 万元,计算错误。(3)B 公司与四川某科技股份有限公司签订的一台合同未生效,合同中也体现试用合格后付款,设备到案发未合格,四川某科技股份有限公司也未付任何款项,何来获利?(4)笔录显示,A 公司的设备由于自身问题,设备装袋速度慢,故障率高,达不到公司的生产要求,才没买 A 公司的设备,这是 A 公司本身设备的问题造成订单丢失,与 B 公司无直接关系。即使不存在 B 公司,A 公司也无法拿到此笔订单。(5)补充合同遗漏:阜平县补充协议中有提到降价 1 万元。

从 B 公司与 A 公司竞争差价来看,(1) B 公司从未与 A 公司恶意竞争:B 公司从始至终的销售价格均高于 A 公司价格,A 公司最终售卖 16.8 万元不是 B 公司与 A 公司恶意竞争的结果(案卷 20 页、80 页康某某笔录中有提到,B 公司没有报价 16 万元,与 A 公司说 B 公司报价 16 万元只是他们的一种销售策略才故意拉低了价格)。(2)平均卖价计算错误。

综上,审计报告不能代替法官对于法律问题的判断。经办人员绝不能因为有审计报告就放弃事实认定的职责,对于不属于损失或计算错误的部分应当给予去除。

法院裁判及结果

李某、周某违反权利人有关保守商业秘密的要求,使用其掌握的商业秘密,被告人詹某明知或应知上述行为,仍与周某、李某共同使用商业秘密,给商业秘密权利人造成损失达 747918.24 元,其行为触犯了《中华人民共和国刑法》第 25

条第1款、第219条第1款第3项、第2款之规定，犯罪事实清楚，证据确实、充分，应当以侵犯商业秘密罪追究其刑事责任。

综上，法院判决：一、被告人李某犯侵犯商业秘密罪，判处有期徒刑一年，缓刑一年六个月，并处罚金200000元；二、被告人周某侵犯商业秘密罪，判处有期徒刑徒一年，缓刑一年六个月，并处罚金200000元；三、被告人詹某侵犯商业秘密罪，判处有期徒刑十个月，并处罚金100000元。

律师评析

（一）典型意义

本案是福州市首例侵犯商业秘密刑事案件，经过辩护律师有效辩护，从起诉书指控的损失金额204554321.26元最终降为747918.24元。

在大众创业、万众创新的当下，许多创业者与科技人才响应政府号召开始创业。然而，法律意识的缺乏与对知识产权的漠视，导致部分创业者触犯法律底线，侵犯他人商业秘密。该类型案件的重点在于：涉案信息是否构成商业秘密、被告人是否构成侵犯商业秘密罪、具体的损失应如何计算。

（二）法律评析

1.涉案信息是否属于商业秘密的范畴？根据《刑法》第219条规定，商业秘密是指不为公众所知悉，能为权利人带来经济利益，具有实用性并经权利人采取保密措施的技术信息和经营信息。首先，案涉的信息应不为公众所知悉；其次，应进行保密措施；最后，其要能够带来经济利益。

2.被告人是否侵犯了商业秘密？根据《刑法》第219条规定，违反约定或者违反权利人有关保守商业秘密的要求，披露、使用或者允许他人使用其所掌握的商业秘密的，构成侵犯商业秘密罪；明知或应知前款所列行为，获取、使用或者披露他人的商业秘密的，以侵犯商业秘密罪论。首先，被告人主观上是否存在故意；其次，被告人客观上是否有实施了侵犯商业秘密的行为。

3.关于损失的计算。应考虑是否因侵权行为而导致的直接损失，“重大损失”认定的最新规定为：以合理许可使用费、销售利润损失以及商业秘密价值作为权利人损失和侵权人违法所得的主要认定依据。

律师简介

王南海律师，北京盈科（泉州）律师事务所管委会委员、文化品牌工作委员会主任、知识产权法律事务部主任，泉州律协知识产权专业委员会委员，其具有律师、专利代理师、商标代理人三资质，获得“福建省商标维权能手”“福建省商标注册能手”“福建省优秀商标代理人”“盈科全国知识产权法律事务领域优秀律师”等荣誉称号，以专业类（在全省或本行政辖区范围内被业内公认是某一专业领域突出人才）入选福建省优秀青年律师人才库，根据《中共泉州市委泉州市人民政府关于实施人才“港湾计划”的若干意见》等有关规定入选泉州市高层次人才。

回合制游戏场景地图的整体保护与局部认定

——网易（杭州）网络有限公司与广州浩动网络科技有限公司、霍尔果斯毅讯电子科技有限公司著作权纠纷案*

唐向阳　范晓倩

所获荣誉

广州互联网法院 2019 年度著作权纠纷十大典型案例。

案情简介

原告网易(杭州)网络有限公司(以下简称网易公司)诉称:网易公司主张对《大话西游》手游中的美术作品享有著作权。《大唐仙灵》系由广州浩动网络科技有限公司(以下简称浩动公司)研发的手机游戏,后更名为《梦幻仙语》,霍尔果斯毅讯电子科技有限公司(以下简称毅讯公司)为《梦幻仙语》的著作权人。网易公司发现在《梦幻仙语》/《大唐仙灵》中有大量的美术资源均复制或改编自《大话西游》手游,认为浩动公司、毅讯公司侵犯了网易公司对《大话西游》中美术作品的著作权,故向法院诉请判令浩动公司、毅讯公司立即停止侵权行为、消除影响并赔偿经济损失及合理维权费用共计 208 万元。

办案策略及律师工作

唐向阳律师、范晓倩律师(下称本律师团队)接受被告一浩动公司咨询及委托后,第一时间充分研究原告提交的多份游戏视频公

* 广州互联网法院(2018)粤 0192 民初 1558 号。

证书、迅速厘清原、被告双方游戏截图的比对表格。

鉴于网易公司在诉讼过程中确认主张的美术作品为45项(后续降低至29项),包括大地图和小地图、小场景、小道具。

本律师团队迅速为委托方被告一浩动公司制定诉讼策略:

1. 压缩原告主张保护的美术作品;

2. 充分搜集整理涉案游戏及截图在先公开的证据及资料等、质疑原告美术作品的独创性;

3. 降低赔偿金额。

律师团队主要工作如下:

1. 挖掘原告主张作品之重复性、压缩原告作品数量

律师团队在答辩状中提及原告主张的29幅游戏截图实质上可归纳为7幅场景地图,原告在本案中既对场景地图的整体和局部主张权利,又将场景地图拆分为各个小的场景和各个设计元素进行主张权利,从而导致其主张保护的内容范围和数量增加了数倍。原告无权同时主张场景地图及其中各个建筑物及设计元素,应当剔除重复、交叉的部分,否则不应当获得《著作权法》的保护。

2. 利用鉴定报告的前后矛盾,质疑鉴定报告的权威性

就原告主张的29幅美术作品,被告涉案游戏包括长安地图在内的16幅美术作品未被《中版鉴定报告》涉及,前述16幅美术作品与原告《大话西游》游戏截图在布局设计、美术设计、线条结构、颜色搭配上差异较大,呈现完全不同的视觉效果和审美意义,整体和局部均不构成实质性相似、不构成著作权侵权。

3. 搜集在先游戏证据、摧毁原告权利基础

就原告主张的29幅美术作品而言,被告一提交了大量的证据足以证明原告主张的场景和设计元素并非原告原创或独创设计,属于公有领域范畴、属于同类游戏之有限表达并已经被在先游戏或在先文献公开不应获得《著作权法》的保护。在剔除属于公有领域部分、有限表达部分以及被在先游戏或在先文献公开之相关特征后,与被告涉案游戏之设计元素相比差异较大,不构成实质性相似。

4. 可视化、数据化呈现

为了进一步方便承办法官充分理解,本律师团队采用PPT及EXCEL等可视化、数据化形式,将原告主张之游戏截图与在先游戏截图进行充分比对。

裁判要旨及结果

广州互联网法院在审理过程中采纳了团队有关“场景地图整体保护与局部保护”以及“公有领域、有限表达及独创性抗辩”的法律意见，以大大减少主张作品的数量、降低赔偿金额。

广州互联网法院最终认为，网易公司主张的15个游戏场景以及8个美术元素，具有独创性，构成美术作品；而网易公司利用公有领域元素再创作的6个美术元素，适用“严格标准”考量其独创性，因投入的智力创作太低，无法达到最低限度的创作性，故认定该6个美术元素不构成美术作品。因原告主张保护的15个场景和14个美术元素均包含在7幅场景地图中，法院认为如果大的场景地图之间构成实质性相似，而其中小的场景地图在单独呈现时不具有差异性，则不足以形成新的美术作品予以保护，法院据此认定构成实质性相似的大场景地图“长安”“水晶宫”中的小场景地图不再予以保护。广州互联网法院辨法析理，本案原、被告均未提出上诉，判决已经发生法律效力。

律师评析

（一）典型意义

广州互联网法院对本案的审理与裁判，明确了网络游戏特别是回合制游戏场景地图在整体保护与局部认定的具体规则，在保护权利人知识产权与防止知识产权滥用等方面取得了较好的平衡。

（二）法律评析

本案明确了游戏场景地图的著作权保护规则：第一，具有独创性的场景地图可以构成《著作权法》保护的作品；第二，利用公有领域创作的游戏场景，应适用“严格标准”认定其独创性；第三，大场景地图中的小游戏场景或元素，在单独呈现时，如果与其在大场景地图中的呈现方式没有显著性和实质性差异，则不构成新的美术作品。

律师简介

唐向阳律师，北京大学法学硕士，现任盈科中国区董事、股权高级合伙人、盈科广州党委副书记、监事会主任、盈科全国信息网络与高新技术专业委员会副主任、盈科广州网络游戏法律事务部主任、广州律协电子竞技与网络游戏业务专业委员会副主任、广东省游戏产业协会理事会理事、广州市知识产权维权援助专家库专家。唐律师曾被评为“盈科全国首届十佳知识产权律师”“盈科首届百名大律师”，连续五年获得“盈科全国优秀知识产权律师"荣誉称号。

范晓倩律师，华南理工大学知识产权法学硕士，盈科广州网络游戏法律事务部资深律师，专注知识产权和网络游戏法律事务。曾多次获得广州律协业务成果奖、理论成果奖，获得盈科全国"未来之星"一等奖、盈科全国首届十佳法律服务产品等荣誉。

网络游戏整体画面司法保护路径及游戏换皮侵权认定

——上海菲狐网络科技有限公司与霍尔果斯侠之谷信息科技有限公司、深圳侠之谷科技有限公司、广州柏际网络科技有限公司著作权纠纷案*

唐向阳　范晓倩

所获荣誉

广州互联网法院2019年度著作权纠纷十大典型案例。

案情简介

原告上海菲狐网络科技有限公司(以下简称上海菲狐网络公司)诉称:霍尔果斯侠之谷信息科技有限公司(以下简称霍尔果斯公司)、深圳侠之谷科技有限公司(以下简称深圳侠之谷公司)、广州柏际网络科技有限公司(以下简称广州柏际公司)联合运营的五款游戏在角色及技能、场景画面、UI界面、道具等多方面与《昆仑墟》移动网络游戏的前81级游戏整体画面及其中包含的82幅美术作品基本一致,导致广大消费者产生混淆,分流了原告大量的游戏用户,侵占了原告市场份额。上海菲狐网络公司主张,其为完成游戏《昆仑墟》的创作投入了巨额的研发成本,自该游戏2017年6月上线以来,已支出近2亿元用于游戏宣传,在游戏行业内具有较高的知名度和美誉度,银行流水现已超过10亿元。霍尔果斯公司、深圳侠之谷公司、广州柏际公司的抄袭行为严重侵犯其著作权,遂要求三家公司停止侵权、赔偿相关经济损失500余万元,并在指定刊物及三被告的官方网站上登载声明、消除影响。

---

* 广州互联网法院(2018)粤0192民初1号。

办案策略及律师工作

唐向阳律师、范晓倩律师(下称本律师团队)接受被告三广州柏际公司咨询及委托后,第一时间充分研究原告提交的多份游戏视频公证书、迅速厘清原、被告双方游戏截图的比对表格。

由于被告三广州柏际公司并非涉案游戏之研发方,而系涉案游戏之联合运营公司,本律师团队迅速为委托方被告三广州柏际公司制定诉讼策略:

1. 申请追加被告;

2. 及时对涉案游戏的下架/停止运营作出处理,以避免损失扩大及责任承担;

3. 搜集整理作为联运方已经充分履行相关注意义务之证据;

4. 提前做好责任转移以及追究研发方连带责任的准备;

5. 与技术人员充分沟通搜集整理涉案游戏及截图在先公开的证据及资料等。

律师团队主要工作如下:

(一)布局关键证据、成功追加 CP 方

鉴于本案原告上海菲狐网络公司最初仅仅起诉委托方广州柏际公司,并要求委托方广州柏际公司停止侵权并承担 500 万元的经济赔偿。本律师团队接受案件委托后,经与委托方充分沟通,本律师团队整理如下重点内容:1. 涉案五款游戏实质为一款游戏;2. 涉案游戏非委托方研发,委托方为普通许可之联合运营方;同时本律师团队也发现本案难点在于:

其一,与委托方签署游戏联运合同的是霍尔果斯公司(壳公司),风险承担概率较低;其二,鉴于游戏行业的特性,委托方实际运营之涉案五款游戏的名称与联运合同不一致,证据准备存在难度;其三,委托方由于疏忽,并未保留涉案游戏之软著登记证书。

为了防止合作的研发方逃避责任承担、避免委托方在举证方面存在困难,本律师团队立即开始为委托方准备和布局关键证据。

首先,本律师团队通过软著检索、版号查询以及企查查检索,确认涉案游戏软件著作权登记在深圳侠之谷公司名下、亦确认深圳侠之谷公司系霍尔果斯公司的唯一法人股东。

其次,本律师团队为委托方撰写《联合说明》,将涉案游戏之权属信息、版号批文信息、研发企业名称全部纳入《联合说明》,相对方霍尔果斯公司盖章后即可确认合作游戏与涉案五款游戏的同一关系。

最后，本律师团队第一时间向法院递交《追加被告申请书》及上述全部证明合作关系及权属的文件，并积极主动与承办法官当面沟通，最终成功追加霍尔果斯公司、深圳侠之谷公司为共同被告。至此本律师团队为委托方成功建立第一道“防线”。

（二）搜集在先游戏证据、摧毁原告权利基础

除了第一道防线去降低/减少委托方可能承担的法律责任，本律师团队开始思考第二道防线，能否从动摇原告权利基础的角度出发实现真正意义上的胜利。

与研发方充分沟通，本律师团队详细了解原告《昆仑墟》游戏的创作历程、参考类型，分析原告原创性范围以及参考借鉴内容，通过大量搜集在先游戏截图、游戏玩法、游戏类型等方面从而从著作权权属上动摇原告的权利基础。

首先，本律师团队将在先游戏证据搜集范围集中在《魔法王座》《四大名捕》《少年群侠传》等同类型游戏中。

其次，本律师团队从技能内容、技能数值、技能特效、场景地图、道具装潢、故事背景、UI 界面等方面搜集到大量相同或高度相似在先游戏证据。

举例见图 1：

图 1

最后，为了充分证明以上在先游戏截图的“在先性”，本律师团队采取图片搜集方式搜集到包含在先游戏截图之几十份媒体报道，及时进行证据固定并作

为证据提交，为当事人建立第二道“防线”。在线证据部分列表见图 2：

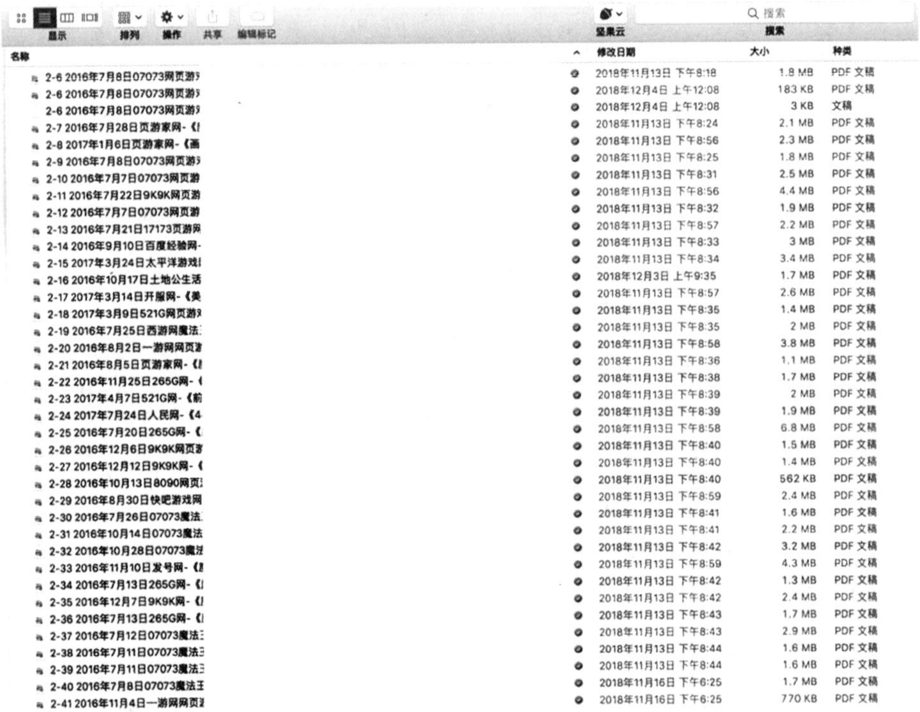

名称	修改日期	大小	种类
2-6 2016年7月8日07073网页游	2018年11月13日 下午8:18	1.8 MB	PDF 文稿
2-6 2016年7月8日07073网页游	2018年12月4日 上午12:08	183 KB	PDF 文稿
2-6 2016年7月8日07073网页游	2018年12月4日 上午12:08	3 KB	文稿
2-7 2016年7月28日页游家网-《	2018年11月13日 下午8:24	2.1 MB	PDF 文稿
2-8 2017年1月6日页游家网-《画	2018年11月13日 下午8:56	2.3 MB	PDF 文稿
2-9 2016年7月8日07073网页游	2018年11月13日 下午8:25	1.8 MB	PDF 文稿
2-10 2016年7月7日07073网页游	2018年11月13日 下午8:31	2.5 MB	PDF 文稿
2-11 2016年7月22日9K9K网页游	2018年11月13日 下午8:56	4.4 MB	PDF 文稿
2-12 2016年7月7日07073网页游	2018年11月13日 下午8:32	1.9 MB	PDF 文稿
2-13 2016年7月21日17173页游网	2018年11月13日 下午8:57	2.2 MB	PDF 文稿
2-14 2016年9月10日百度经验网-	2018年11月13日 下午8:33	3 MB	PDF 文稿
2-15 2017年3月24日太平洋游戏	2018年11月13日 下午8:34	3.4 MB	PDF 文稿
2-16 2016年10月17日土地公生活	2018年12月3日 上午9:35	1.7 MB	PDF 文稿
2-17 2017年3月14日开服网-《美	2018年11月13日 下午8:57	2.6 MB	PDF 文稿
2-18 2017年3月9日521G网页游	2018年11月13日 下午8:35	1.4 MB	PDF 文稿
2-19 2016年7月25日西游网魔法	2018年11月13日 下午8:35	2 MB	PDF 文稿
2-20 2016年8月2日一游网网页	2018年11月13日 下午8:58	3.8 MB	PDF 文稿
2-21 2016年8月5日页游家网-《	2018年11月13日 下午8:36	1.1 MB	PDF 文稿
2-22 2016年11月25日265G网-《	2018年11月13日 下午8:38	1.7 MB	PDF 文稿
2-23 2017年4月7日521G网-《前	2018年11月13日 下午8:39	2 MB	PDF 文稿
2-24 2017年7月24日人民网-《4	2018年11月13日 下午8:39	1.9 MB	PDF 文稿
2-25 2016年7月20日265G网-《	2018年11月13日 下午8:58	6.8 MB	PDF 文稿
2-26 2016年12月6日9K9K网页	2018年11月13日 下午8:40	1.5 MB	PDF 文稿
2-27 2016年12月12日9K9K网-《	2018年11月13日 下午8:40	1.4 MB	PDF 文稿
2-28 2016年10月13日8090网页	2018年11月13日 下午8:40	562 KB	PDF 文稿
2-29 2016年8月30日快吧游戏网	2018年11月13日 下午8:59	2.4 MB	PDF 文稿
2-30 2016年7月26日07073魔法	2018年11月13日 下午8:41	1.6 MB	PDF 文稿
2-31 2016年10月14日07073魔法	2018年11月13日 下午8:41	2.2 MB	PDF 文稿
2-32 2016年10月28日07073魔法	2018年11月13日 下午8:42	3.2 MB	PDF 文稿
2-33 2016年11月10日发号网-《	2018年11月13日 下午8:59	4.3 MB	PDF 文稿
2-34 2016年7月13日265G网-《	2018年11月13日 下午8:42	1.3 MB	PDF 文稿
2-35 2016年12月7日9K9K网-《	2018年11月13日 下午8:42	2.4 MB	PDF 文稿
2-36 2016年7月13日265G网-《	2018年11月13日 下午8:43	1.7 MB	PDF 文稿
2-37 2016年7月12日07073魔法	2018年11月13日 下午8:43	2.9 MB	PDF 文稿
2-38 2016年7月11日07073魔法	2018年11月13日 下午8:44	1.6 MB	PDF 文稿
2-39 2016年7月11日07073魔法	2018年11月13日 下午8:44	1.6 MB	PDF 文稿
2-40 2016年7月8日07073魔法王	2018年11月16日 下午6:25	1.7 MB	PDF 文稿
2-41 2016年11月4日一游网网页	2018年11月16日 下午6:25	770 KB	PDF 文稿

图 2

（三）可视化、数据化呈现、三次庭前会议

为了进一步方便承办法官充分理解，本律师团队采用 PPT 及 EXCEL 等可视化、数据化形式，将原告主张之游戏截图与在先游戏截图进行充分比对，见图 3、图 4。

同时，为了充分展示原告主张之权利基础被在先证据充分公开，本律师团队制作更为直观的数据表，当事人建立第三道“防线”。

最终，经过努力，一审判决认定如下：

1.《魔法王座》等为在先游戏，其比对之文件、素材系在先公开；

2.“控鹤擒龙”技能效果画面与在先游戏相似；

3. 场景戏雪山庄与在先游戏高度相似；

4.“羽翼、坐骑”等 27 个 UI 界面与在先游戏相似；

5.“武者玄翼、灯笼”等 2 个道具与在先游戏基本一致。

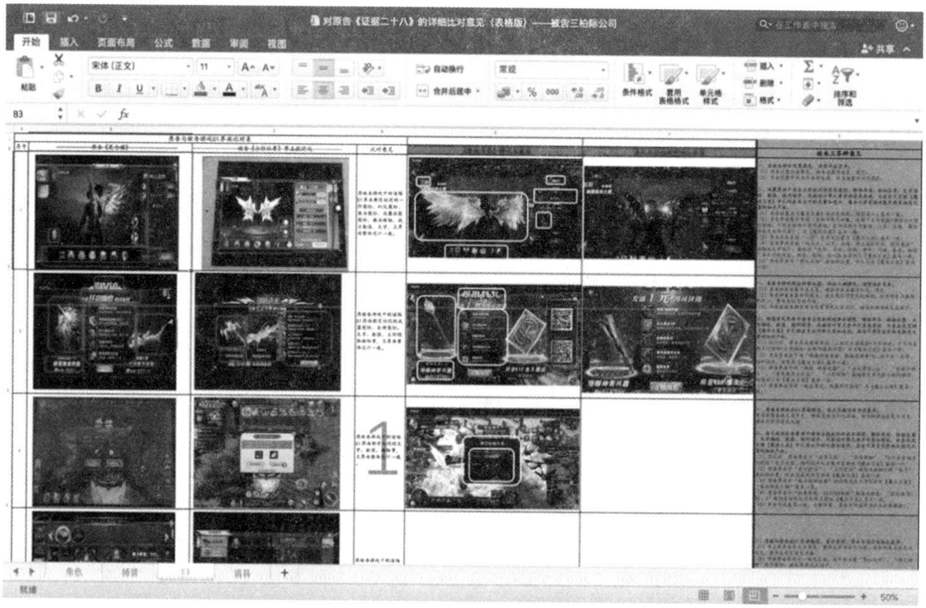
对原告《证据二十八》的详细比对意见（表格版）——被告三柏际公司

图 3

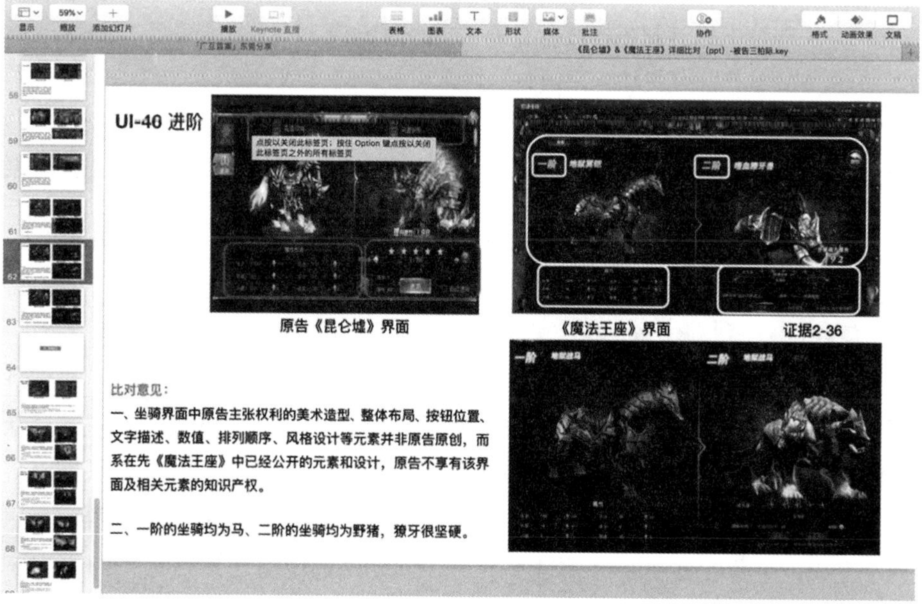
《昆仑墟》&《魔法王座》详细比对（ppt）-被告三柏际.key
UI-40 进阶
原告《昆仑墟》界面
《魔法王座》界面
证据2-36
比对意见：
一、坐骑界面中原告主张权利的美术造型、整体布局、按钮位置、文字描述、数值、排列顺序、风格设计等元素并非原告原创，而系在先《魔法王座》中已经公开的元素和设计，原告不享有该界面及相关元素的知识产权。
二、一阶的坐骑均为马、二阶的坐骑均为野猪，獠牙很坚硬。

图 4

(四)审慎提交获利证据、锁定获利范围

作为经常奋战知识产权侵权案件的本律师团队,对于知识产权赔偿方面的认定具备一定的敏感性。知识产权案件赔偿的确定和计算,取决于权利人之损失、侵权人之获利以及法院酌定因素等(考虑因素包括:侵权程度、存在恶意、反复侵权、侵权内容所占比例、权利人游戏之知名度)。

本案中,原告并未明确主张自身的损失,那么对于被告来说,被告获利在本案中尤为关键。本律师团队与委托方协商后,将涉案游戏的获利情况以充值系统数据表、发票、结算单等证据予以体现,并能够一一对应、相互印证,形成优势证据链。

最终,一审法院采纳我方提交的获利证据并予以认可。在这一场博弈中,本律师团队通过审慎核实证据并锁定获利范围,为当事人成功建立第四道防线。一审判决部分截图见图5:

> 对于上述证据,本院认证如下:在本院要求被告柏际公司披露其获利情况,该公司即于次日向本院提交了相关证据,且证据之间相互印证,形成证据链。在原告无相反证据推翻的情况下,本院对上述证据的真实性、合法性予以认可。
>
> 84

图5

(五)深挖细节,法理之辨

本案原告主张三被告侵犯其游戏作品的是复制权和信息网络传播权。从请求权基础入手,答辩认为复制权即以复印、拓印、录音、录像、翻录、翻拍等方式将作品制作一份或者多份的权利,复制可以在作品原件的基础上产生成千上万份复制品,正是这些复制品使得作品能够广泛地传播和利用,其本质属性是通过各种方式非创作性的再现作品。而信息网络传播权即以有线或者无线方式向公众提供作品,使公众可以在其个人选定的时间和地点获得作品的权利;信息网络传播权是将作品以数字格式存储在介质上,再将这个数字文件上传到服务器,在服务上生成一个新的复制件,实质上也是一个复制品的传播过程。

本律师团队认为复制权与信息网络传播权不能同时成立,适用该两项权利需要一定的条件。本案中被告五款游戏与原告游戏存在差异(故事背景、角色形象)并非复制品,不构成复制权、信息网络传播权的侵权。

最终,一审法院从事实和法理出发,于2019年3月27日正式宣判,驳回原告全部诉讼请求。同时该案于2019年4月13日生效。

法院裁判及结果

角色扮演类游戏自动挂机形成的整体画面构成作品,应无疑义,但是要论述构成何种作品,则需解决一个前提问题,作品到底是如何分类的。法院认为,关于作品的分类,主要考虑作品的表现形式和作品的传播利用方式两个因素。作品的表现形式不同,传播利用方式不同,作者的经济利益受到的影响也不同,著作权的内容也因此而有所不同。同时,作品的法定分类虽然与某些特定的传播技术相关,但基于技术中立的原则,该分类能够延伸到以不同传播技术创作出来的相同表达形式。对利用新的传播技术创作出来的作品,如果与现有某种法定作品类型的表现形式、传播利用方式大致相同,则选择合适的法定作品类型予以保护比较恰当。《著作权法》第3条列举了八种法定作品类型,显然,角色扮演类游戏挂机画面与类电作品无论是在表现形式还是在传播利用方式方面都最为相似,因此法院认为其构成类电作品。在分析是否构成类电作品时,除了分析与电影作品相似的特点以外,我们还特别强调著作权保护电影作品的目的不是保护创作的方法,而是保护创作的结果,即连续动态的影像画面,在此,法院引用了《保护文学和艺术作品伯尔尼公约》第2条关于类电作品的描述,以印证法院对著作权法的理解。

(一)关于复制权

《著作权法》第10条第1款第5项规定:“复制权即以印刷、复印、拓印、录音、录像、翻录、翻拍等方式将作品制作一份或者多份的权利。”复制可以在作品原件的基础上产生成千上万份复制品,正是这些复制品使得作品能够广泛地传播和利用,其本质属性是通过各种方式非创作性地再现作品。

本案中,《青云灵剑诀》等被诉五款游戏在前81级的画面与《昆仑墟》游戏在整体观感上构成实质性相似,但故事背景、人物形象、剧情文字、技能和场景名称等设计均与《昆仑墟》游戏不同,在利用《昆仑墟》游戏基本表达的基础上进行了新的创作,体现了一定的独创性,两者之间的差异使普通观察者可从外观上识别原告与被告游戏之间的区别,不会直接混淆为同一款游戏。因此,被诉五款游戏并不是《昆仑墟》游戏的复制品,不构成对原告上海菲狐网络公司复制权的侵犯。

(二)关于信息网络传播权

《著作权法》第10条第1款第12项规定:"信息网络传播权,即以有线或者无线方式向公众提供作品,使公众可以在其个人选定的时间和地点获得作品的权利。"

本案中,被告将与原告作品构成整体观感上实质性相似的游戏在网络上传播,并使公众可以在其个人选定的时间和地点获得被诉五款游戏,但由于信息网络传播是将作品以数字格式存储在介质上,再将这个数字文件上传到服务器,在服务器上生成一个新的复制件,使用户可以在选定的时间和地点获得作品,实质上也是一个复制品的传播过程。而本案被诉五款游戏并非是《昆仑墟》游戏作品的复制品,并不涉及《昆仑墟》游戏复制品的信息网络传播权,因此公众在其个人选定的时间和地点所获得的被诉五款游戏,不构成对原告上海菲狐网络公司信息网络传播权的侵犯。

被告游戏与原告游戏画面在整体观感上构成实质性相似,可以初步判断侵犯了原告作品的著作权,但侵犯何种权益,法院认为应该围绕原告的主张进行审理。《最高人民法院民事案件案由规定》在三级案由著作权权属、侵权纠纷项下列了28个四级案由,著作权和邻接权的每一项基本权能都分别对应一个案由,如侵害作品发表权纠纷、侵害作品署名权纠纷等。审判实践中,应当根据当事人诉争法律关系的性质,首先应适用第四级案由,第四级案由没有规定的,适用相应的第三级案由。由于著作权侵权不只涉及一种权能,往往都采用第三级案由即著作权权属、侵权纠纷。但第三级案由的采用,并不等于需要对作品可能涉及被侵犯的各种权能全部进行审理,原告必须对被告究竟侵犯其作品的何种权利,有一个明确的认识。本案中,原告主张被告侵犯其作品的复制权和信息网络传播权,法院就围绕这两个权利进行审理。

最终,法院判决:驳回上海菲狐网络公司的全部诉讼请求。本律师团队代理的被告方获得胜诉。

律师评析

(一)典型意义

3次庭前会议、全程在线审理、7大争议焦点、"隔空"激辩177分钟、71.1万人在线旁听……作为广州互联网法院、成立后受理的第一案,《昆仑墟》诉《灵剑苍穹》著作权侵权纠纷,从立案到审理都备受社会各界关注。3月27日,广州互联网法院判决:驳回原告上海菲狐网络科技有限公司全部诉讼请求。

本案不仅认定角色扮演类网络游戏挂机画面构成类电作品,亦明确了角色扮演类网络游戏挂机画面独创性应当进行整体判断,认定应该以类电作品的权属认定和比对方式来确定角色扮演类网络游戏挂机画面的权属及比对方法。最为重要的是,本案释放了一个明确的信号,著作权案件应该围绕原告主张保护的著作权权能进行审理。广州互联网法院提到"这表面上增加了原告的诉累,但这为著作权案件的审理树立了一个规则,有利于倡导当事人各方更加熟悉著作权法律法规,更好地促进知识产权案件的系统化精细化审理。"

(二)律师评析

本案为广州互联网法院受理的首案。游戏整体画面能否纳入著作权法体系进行保护,在实践中存在争议。法院结合网络游戏特征,根据其表现形式和传播利用方式,明晰了类似本案的角色扮演类网络游戏挂机画面构成类电作品,按类电作品著作权保护规则审理相关问题,回应了此类游戏画面如何保护的问题,对于激发互联网企业创新活力、促进网络游戏行业健康发展具有积极意义。

律师简介

唐向阳律师,北京大学法学硕士,现任盈科中国区董事、股权高级合伙人、盈科广州党委副书记、监事会主任、盈科全国信息网络与高新技术专业委员会副主任、盈科广州网络游戏法律事务部主任、广州律协电子竞技与网络游戏业务专业委员会副主任、广东省游戏产业协会理事会理事、广州市知识产权维权援助专家库专家。唐律师曾被评为"盈科全国首届十佳知识产权律师""盈科首届百名大律师",连续五年获得"盈科全国优秀知识产权律师"荣誉称号。

范晓倩律师,华南理工大学知识产权法学硕士,盈科广州网络游戏法律事务部资深律师,专注知识产权和网络游戏法律事务。曾多次获得广州律协业务成果奖、理论成果奖,获得盈科全国"未来之星"一等奖、盈科全国首届十佳法律服务产品等荣誉。

权利要求中技术术语的解释应综合分析而不能片面机械看字面含义

——深圳拓邦股份有限公司与中山市雅乐思电器实业有限公司侵害发明专利权纠纷案*

易 钊

所获荣誉

2019年度深圳市知识产权十大案例。

案情简介

原告深圳拓邦股份有限公司以被告中山市雅乐思电器实业有限公司许诺销售、销售、制造的型号为CJ21Q的电磁炉产品涉嫌侵害其200510033592.8的发明专利权为由，提起诉讼，要求判令被告停止制造、销售、许诺销售涉案侵权产品，赔偿经济损失及合理支出共计100万元人民币。

被告中山市雅乐思电器实业有限公司答辩称：一、涉案专利权利要求书记载的保护范围不清楚，不能确定其具体的保护范围，无法进行比对。二、即使能够比对的情况下，被控侵权产品与涉案专利权利要求1所记载的技术特征也不相同，没有落入涉案专利权利要求1的保护范围。三、原告指控被告有生产、销售、许诺销售的行为，但没有相关证据。四、原告诉求100万元没有任何依据，法庭不应予以支持。

法院经审理查明：

1. 涉案专利的具体情况

2005年3月10日，深圳市拓邦电子科技股份有限公司（以下简称拓邦电

* 最高人民法院（2019）最高法知民终105号；广东省深圳市中级人民法院（2016）粤03民初1238号。

子科技公司)申请了名称为“一种双控电磁加热控制系统”的发明专利,并于2009年8月12日获得授权,专利号为200510033592.8。拓邦电子科技公司系专利权人。2010年6月30日,涉案发明专利权人变更为原告。

2. 原告指控的侵权事实

原告指控被告构成制造、销售、许诺销售侵权。被告在其官网www.rileosip.com上展示了型号为CJ21Q的被控侵权产品的图片。

根据深圳市深圳公证处(2016)深证字第87420号公证书的记载,2016年6月3日,原告公证购买了型号为CJ21Q的被控侵权产品“电磁炉”2台,制造商为被告。

当庭查看公证购买产品实物,被控侵权产品外包装、产品本身均标注有“雅乐思Rnice”,型号为CJ21Q,被告公司名称、地址等信息。被控侵权产品外包装上还标注被告的网站为www.rileosip.com。

被告确认被控侵权产品由其制造,但否认许诺销售、销售了被控侵权产品。

3. 被控侵权产品与涉案专利的比对

原告在本案中主张保护涉案发明专利的权利要求1,并分解为A~J项技术特征。原、被告对涉案发明专利权利要求1中技术术语“自适应同步电路模块”的定义、D项技术特征中“自适应同步电路模块”与电流检测电路、逆变模块的连接关系的比对意见存在较大差异。经原告申请,本院依法委托鉴定机构对被控侵权产品是否与涉案专利权利要求1中B、C、D、G、I共五项技术特征构成相同或等同进行鉴定。

鉴定机关出具的鉴定结论认为,被控侵权产品具备委托事项中的涉案专利权利要求的五项技术特征。鉴定人员出庭陈述:(1)电磁炉产品中一定要有同步电路,这是业内公知。被控侵权产品中的同步电路与其他部件的连接关系、跨接位置、功能作用均与涉案专利说明书“自适用同步电路模块”的连接关系、功能相同。(2)被控侵权产品中的电流检测电路的主要功能在CPU中实现的,而同步电路是与CPU连起来的,因此,电流检测电路与同步电路通过CPU相连接。

4. 其他查明的事实

原告为本案支出公证费人民币1000元、律师费人民币20000元、鉴定费人民币96000元、服务费人民币5080元。

在庭审中,原告请求法院考虑涉案系发明专利、且被告销售大的因素,酌情确定侵权赔偿金额。

鉴于被告在庭审中确认其制造了被控侵权产品,一审法院要求其在指定的期限内提供制造的被控侵权产品的数量,逾期不提交的,将承担举证不能的法律后果。但被告未向法院提交。

办案策略及律师工作

本案中，被告为了拖延时间，明知无理由仍提出管辖异议，深圳市中级人民法院驳回其管辖权异议请求；被告不服裁定提起上诉后，广东省高级人民法院驳回上诉。

深圳市中级人民法院于2017年7月、9月两次开庭审理后，易钊律师做了详细的技术比对表格及相应的文字说明，然后又针对争议焦点部分提交了8页共6000多字的代理意见，同时还针对争议焦点涉及的技术词汇等补充提交了12份证据，包括专业书籍、学术论文、专利文献等证据。

被告对技术比对不服，要求进行鉴定。广东鑫证司法鉴定所于2018年11月作出《鉴定意见书》，认定“被控侵权产品具备委托事项中涉案专利权利要求的五项技术特征”。

前述《鉴定意见书》出来之后，易钊律师进一步补充提交了“关于赔偿金额的计算”的代理意见，陈述了以下理由：

(1)原告认同《鉴定意见书》的结论，被控侵权产品已落入原告专利保护范围；

(2)被告在被诉之后仍在持续实施制造、销售、许诺销售的侵权行为；

(3)被控侵权系列产品的销量较大，获利高达数百万甚至数千万元；

(4)被告故意拖延诉讼以持续实施侵权行为；

(5)原告为制止侵权行为所支付的合理开支达12.2万多元。

最终，一审判决全额支持了原告的诉讼请求。被告需赔偿经济损失及合理维权支出共计人民币100万元。案件受理费人、鉴定费由被告负担。在“权利人的损失、侵权人获得的利益和专利许可使用费均难以确定”的情况下，已属《专利法》第65条的顶格判决。

本案二审阶段正好碰到新规则实施，由最高人民法院知识产权庭受理上诉二审，并且是在最高人民法院第一巡回法庭(深圳)开庭审理，当日人双方当事人、深圳中院法官、深圳人大代表等旁听，并有庭审直播。2019年9月27日，最高人民法院作出(2019)最高法知民终105号民事判决书，判决：驳回上诉，维持原判。

另外，被告于2019年1月针对涉案专利提出无效宣告请求。专利局复审和无效审理部于2019年5月进行口头审理。易钊律师代理原告方参加了口头审理等全过程。专利局复审和无效审理部于 2019 年 7 月作出第 40975 号无效宣告请求审查决定书,结论是维持权利要求 1 ~ 2 有效,而一审判决正是认定被诉侵权产品落入权利要求 1 的保护范围。

裁判要旨及结果

(一)裁判要旨

1. 权利要求中技术术语的解释,应当从本领域普通技术人员视角出发,结合说明书的整体内容,尤其是该技术术语所代表部件的功能、与其他部件的连接关系等,综合分析,从实质上理解技术术语的含义,不能片面的、机械的从字面含义进行理解。

2. 在等同侵权判断中,应当考虑专利申请与专利侵权时的技术发展水平,重点考察该被诉技术特征相较于发明专利是否具有实质意义上的创新,是否系本领域普通技术人员非显而易见的替代技术方案,防止利用发明专利申请日出现的技术进行简单替换而规避侵权的发生。

3. 权利人已经提供了侵权的初步证据,且被告系被控侵权产品的制造者,人民法院应当适用证明妨碍规则,责令被告提供制造被控侵权产品的数量等证据材料以确定法定赔偿金额。被告无正当理由拒不提供的,人民法院可以根据权利人的主张,结合侵权行为的性质、妨害行为可归责的程度等因素,酌情提高法定赔偿金额。

(二)裁判结果

2019 年 2 月 26 日,广东省深圳市中级人民法院作出(2016)粤 03 民初 1238 号民事判决:一、被告中山市雅乐思电器实业有限公司立即停止制造、销售、许诺销售侵害原告深圳拓邦股份有限公司享有的名称为“一种双控电磁加热控制系统”、专利号为 200510033592.8 发明专利权的侵权产品。二、被告中山市雅乐思电器实业有限公司应于本判决生效之日起十日内赔偿原告深圳拓邦股份有限公司经济损失及合理维权支出共计人民币 100 万元。宣判后,被告不服,向最高人民法院提出上诉。

2019 年 9 月 27 日,最高人民法院作出(2019)最高法知民终 105 号民事判决书,判决:驳回上诉,维持原判。

律师评析

（一）典型意义

本案提出了专利权利要求中特殊技术术语的实质解释方法，在等同侵权判断中，应当考虑专利申请与专利侵权时的技术发展水平，重点考察该被诉技术特征相较于发明专利是否具有实质意义上的创新，防止利用发明专利申请日出现的技术进行简单替换而规避侵权的发生，强调了因技术进步带来的简单技术替换对等同侵权认定的影响。

本案适用举证妨碍规则确定法定赔偿金额，认为权利人已经提供了侵权的初步证据，且被告系被控侵权产品的制造者，人民法院应当适用证明妨碍规则，责令被告提供制造被控侵权产品的数量等证据材料以确定法定赔偿金额。被告无正当理由拒不提供的，人民法院可以根据权利人的主张，结合侵权行为的性质、妨害行为可归责的程度等因素，酌情提高法定赔偿金额。

（二）法律评析

关于权利要求中特殊技术术语的实质解释，《最高人民法院关于审理侵犯专利权纠纷案件应用法律若干问题的解释》第3条规定，人民法院对于权利要求，可以运用说明书及附图、权利要求书中的相关权利要求、专利审查档案进行解释。说明书对权利要求用语有特别界定的，从其特别界定。以上述方法仍不能明确权利要求含义的，可以结合工具书、教科书等公知文献以及本领域普通技术人员的通常理解进行解释。

关于等同特征的认定，《最高人民法院关于审理专利纠纷案件适用法律问题的若干规定》第17条规定，《专利法》第59条第1款所称的“发明或者实用新型专利权的保护范围以其权利要求的内容为准，说明书及附图可以用于解释权利要求的内容”，是指专利权的保护范围应当以权利要求记载的全部技术特征所确定的范围为准，也包括与该技术特征相等同的特征所确定的范围。等同特征，是指与所记载的技术特征以基本相同的手段，实现基本相同的功能，达到基本相同的效果，并且本领域普通技术人员在被诉侵权行为发生时无须经过创造性劳动就能够联想到的特征。

关于适用举证妨碍规则确定法定赔偿金额，《最高人民法院关于审理侵犯专利权纠纷案件应用法律若干问题的解释（二）》第27条规定，权利人因被侵权所受到的实际损失难以确定的，人民法院应当依照《专利法》第65条第1款的规定，要求权利人对侵权人因侵权所获得的利益进行举证；在权利人已经提供侵权人所获利益的初步证据，而与专利侵权行为相关的账簿、资料主要由侵权人掌握的情况下，人民法院可以责令侵权人提供该账簿、资料；侵权人无正当理由拒不提供或者提供虚假的账簿、资料的，人民法院可以根据权利人的主张和提供的证据认定侵权人因侵权所获得的利益。

律师简介

易钊律师，华中科技大学工学学士、中国政法大学民商法在职硕士，先后取得律师执业资格、专利代理人执业资格。曾在电厂、飞利浦公司、知识产权代理所、律师事务所工作；自2000 年进入知识产权领域，2002 年成为执业律师，至今已有 20 年专注知识产权的工作经验。

深圳市律师协会知识产权专业委员会委员；深圳市市场监督管理局"知识产权专业专家委员会"专家（2011 ~2020 年）。

"接触可能性"在著作权侵权抗辩中的应用

——周某某与湖南芒果小戏骨公司侵害作品信息网络传播权纠纷案*

张　慧

所获荣誉

济南市中级人民法院2019年十大知识产权典型案例。

案情简介

周某某于2016年12月13日在国家版权局登记了美术作品《小戏骨》，作品登记证书载明的创作完成时间为2015年10月30日，首次发表时间为2015年10月30日。周某某提供了创作涉案作品的原始资料，包括落款日期分别为2015年3月17日、5月6日的手绘画稿两幅，作品草稿及素材的电子文档。

小戏骨公司系湖南电视剧频道独资控股的公司，经营范围包括广播电视节目制作、文化活动的组织与策划等。该公司于2017年10月18日在湖南省版权局登记了美术作品《小戏骨品牌图样》，作品登记证书载明的创作完成时间为2016年8月8日，首次发表时间为2017年9月8日。小戏骨公司也提供了被控侵权作品的创作底稿、创意说明及设计使用情况。

周某某登记的作品与小戏骨公司登记的作品进行比对，除前者未着色以外，在构图和整体视觉效果上基本无差异。

湖南电视剧频道于2015年6月开设了《小戏骨》栏目，拍摄了小戏骨《刘三姐》《白毛女》《白蛇传》《补锅》等系列作品，使用了小戏骨logo。其官方微

---

* 山东省高级人民法院(2019)鲁民终1719号民事判决书。

博的《小戏骨》栏目使用了小戏骨 logo,显示上传时间为 2016 年 10 月 6 日;其微信公众号也使用了小戏骨 logo,显示的上传时间为 2016 年 9 月 6 日。

周某某认为,湖南电视剧频道与小戏骨公司的行为侵犯了原告美术作品的信息网络传播权,起诉要求停止侵权、赔偿损失并赔礼道歉。而两被告辩称,其使用的小戏骨 logo 在原告进行版权登记之前就已在先创作并发表,原告仅凭著作权登记证书并不足以证明其载明的创作完成时间和首次发表时间的真实性,请求驳回原告的全部诉讼请求。

办案策略及律师工作

北京盈科(长沙)律师事务所张慧律师受被告湖南芒果小戏骨文化传媒有限公司委托,代理本案应诉。

接到案件后,律师经与委托人沟通了解到,原告主张的涉案作品系委托人的注册商标标识,也是委托人原创的"小戏骨"品牌 logo,本案原告系委托人曾合作企业的管理人员,合作期间接触过委托人创作的品牌 logo,且在委托人商标注册类别外的其他类别注册了 15 枚"小戏骨"商标,原告此次起诉委托人著作权侵权,旨在无效委托人的商标,存在恶意。

为应诉,律师主要从如下几个方面进行了证据收集和举证:

1. 委托人创作《小戏骨品牌图样》美术作品的底稿、创意说明及作品使用情况,同时也提交了作品登记证书,证明委托人创作该作品的时间,以及对该作品享有著作权。

2. 委托人最早公开发表《小戏骨品牌图样》美术作品的证据,主要有官方微博、官方微信公众号以及媒体报道,主要是通过官方微博、官方微信公众号头像即《小戏骨品牌图样》美术作品的上传时间,证明委托人最早公开发表该作品的时间早于原告涉案作品登记时间。

3. 原告早期与委托人合作或者寻求合作的证据,以及其注册"小戏骨"商标但未使用的情况,以及其设立企业的经营范围,证明原告创作涉案作品存在不合理性,具有抢先登记委托人著作权并恶意维权的意图,影响法官的自由心证。

在庭审中律师主要询问了原告几个问题:

1. 创作涉案作品的创作意图及思路。

2. 是否将涉案作品进行了公开发表,并要求其提供发表的证据。

原告在庭审中回答称其创作涉案作品的灵感,是受到湖南电视剧频道《小戏骨》栏目的启发,但《小戏骨》栏目开办时间为 2015 年 6 月,晚于原告庭审陈述的涉案作品开始创作时间2015年3月,这证明了原告陈述的前后矛盾,且原告无法举证证明其涉案作品公开发表的证据,不符合著作权侵权认定的"接触"要件。

在庭审辩论中,律师比较了原、被告双方关于作品创作、发表的证据,并对双方创作和使用作品的合理性进行了对比论证,通过证据优势规则说服法院支持委托人的答辩,最终法院采纳了律师的代理意见,支持了我方驳回原告诉讼请求的主张。

裁判要旨及结果

(一)裁判要旨

济南知识产权法庭经审理认为,我国著作权登记制度遵循自愿原则,著作权登记证书中载明的作品创作时间及首次发表时间是登记机构根据当事人的自述填写,登记机关并不进行实质审查。原告仅凭作品登记证书不足以证明其创作完成时间和首次发表时间的真实性。原告虽补充提供了创作的底稿、电子文档,载明了落款时间及文档形成时间,但上述材料由其自行控制,存在自行修改的可能,现有证据难以确定涉案作品的创作形成时间。如作品的创作完成时间难以确定,作品公开发表时间的早晚也可以表明作者享有权利的时间节点。对涉案作品何时公开发表,原告并没有证据证实。而小戏骨公司提供的微信、微博及网络新闻报道,均可以证实被控侵权作品已经发表,且最早发表时间为2016年9月6日,早于原告作品的登记时间。并且被告小戏骨公司从事《小戏骨》节目的文化经营活动,有创作小戏骨 logo 的动力和市场需求。比较双方的证据优势,原告主张被告侵犯其作品信息网络传播权的证据并不充分,应承担举证不能的法律后果。

(二)裁判结果

济南知识产权法庭作出(2018)鲁01民初1692号民事判决:驳回原告周某某的诉讼请求。周某某不服,提起上诉。山东省高级人民法院作出(2019)鲁民终1719号判决:驳回上诉,维持原判。

律师评析

(一)典型意义

本案涉及著作权权属证据的证明标准问题以及"接触可能性"在著作权侵权判定中

的作用。

著作权自作品创作完成之日起产生,作品是否进行登记,不是取得著作权的必要条件。我国实行著作权自愿登记制度,对于登记内容版权部门并不进行实质审查,因此著作权登记证书上记载的创作完成时间、首次发表时间等信息,也并不必然证明其真实性,在对方当事人提供了相反证据的情况下,必须有其他证据予以佐证。根据著作权法及相关司法解释,当事人提供的底稿、原件、合法出版物、著作权登记证书等,均可以作为证明著作权的证据使用。对于电子文档,由于其属性中的创建及修改时间可以通过修改系统时间的方式进行修改,不足以证明其真实的形成时间。在无法确认作品的创作完成时间的情况下,作品公开发表的时间也是确认作者享有权利的重要时间节点,证明至少在该时间点之前,作品已经创作完成。就本案来讲,双方当事人提供的相关证据均难以有效证明作品的创作时间,为确认作品的实际创作人带来了困难。但是,小戏骨公司提供的微信、微博及网络新闻报道均载明了上传时间,由于存储上述信息的网络平台作为第三方,处于中立地位,在无相反证据的情况下,应当确认其记载的上传时间的真实性,由此证明相关作品在周某某进行作品登记之前即已经通过公开发表的形式客观存在,在周某某不能提供其他证据证明其作品创作完成时间的情况下,比较双方的证据优势,可认定周某某对涉案作品享有著作权的证据并不充分。

同时,著作权侵权判定适用"接触 + 实质相似"的侵权判定原则,本案中,周某某无法举证证明其作品早于小戏骨公司的作品公开发表,也无证据证明小戏骨公司曾接触涉案作品,因此无法认定被告小戏骨公司构成侵权。

(二)法律评析

作品的公开发表,一方面是证明著作权权属的重要证据,尤其是争议双方提交的证据均难以有效证明作品的创作时间时,作品的公开发表时间是确认作者享有权利的重要时间节点,法官会将作品的公开发表时间作为著作权权属认定的重要考量因素;另一方面,作品是否公开发表,是判断被控侵权人对涉案作品是否具有接触可能性的重要考量因素,而"接触"是著作权侵权认定的构成要件之一。因此在著作权侵权案件中,寻找和使用"作品是否公开发表以及何时发表"的相关证据,对著作权权属认定以及侵权判定十分重要,这也对以后类似案件的办理提供了启示。

律师简介

张慧律师,四川大学法学学士、中南大学经济法学硕士。现任盈科律师事务所第四届全国知识产权法律专业委员会副秘书长、北京盈科(长沙)律师事务所知识产权法律事务部副主任,长沙市青年律师领军人才(知识产权专业)培养对象,长沙市律协律师制度改革专门委员会副主任,长沙市律协知识产权专业委员会委员及文旅与传媒专业委员会委员。

在后注册商业标识可以与在先商业标识共存

——江苏金茂公司应诉中国金茂不正当竞争案*

王　玮

所获荣誉

上海市浦东新区人民法院2019年知识产权司法保护十佳案例。

案情简介

原告金茂集团公司成立于1995年6月15日，经营范围为酒店管理，房地产开发、经营，商务信息咨询等。其关联公司原告上海金茂公司成立于2007年11月15日，经营范围为受方兴地产（中国）有限公司等委托，提供经营决策和管理咨询，信息服务等。原告金茂集团公司拥有房地产权的金茂大厦于1994年奠基、1998年年底建成、1999年对外营业。金茂大厦位于国务院批准的国家级开发区陆家嘴金融贸易区，系当时的中国最高大厦。2001年1月14日、2009年5月14日，原告金茂集团公司在第36类不动产管理、金融信息等服务上取得了第1507872号、第4886500号注册商标专用权，后该商标转让给原告上海金茂公司，原告金茂集团公司以商标普通被许可人的名义继续使用上述商标。2017年9月7日、9月21日，原告上海金茂公司在第36类资本投资、金融服务、金融管理、基金投资等服务上取得了第20460319号、第20460196号"金茂资本"、第20460335号"金茂投资"注册商标专用权，原告金茂集团公司及其他关联公司以商标普通被许可人的名义使用上述商标。2007～2008年、2010～2012年、2016～2017年，原告金茂集团公司上述"金茂"品牌被世界品牌实验室及其独立的测评委员会测评为"中国500最具价值品牌"。2010年1

---

* 上海市浦东新区人民法院（2018）沪0115民初28518号民事判决书。

月，原告金茂集团公司使用在第36类不动产出租、不动产管理服务上的“金茂”注册商标被认定为驰名商标。2016年年底，原告金茂集团公司及其关联公司开始打造“金茂资本”品牌，为在私募股权基金领域开展业务做准备。2017年6月、9月，环球财讯网、网易房产等多家网络媒体对反映“金茂资本”品牌进军房地产私募股权基金领域情况的文章进行了转载。被告江苏金茂公司成立于2009年7月9日，经营范围为创业投资管理、创业投资、投资咨询、经济信息咨询等。网站www.jolmo.net系被告主办。2012年，被告在《Shanghai Economy》杂志上首次使用“金茂资本”进行公开宣传。2014年4月，被告登记为私募投资基金管理人，管理基金主要类别为：私募股权、创业投资基金管理人。2015年12月，被告以“金茂投资”作为股票简称挂牌，代码为834960。被告在投资领域曾获得投中集团中国最佳创业投资机构TOP50，清科集团“2015年中国本土创业投资机构50强”“2015年中国清洁技术领域投资机构10强”等荣誉。另外，被告于2017年入选中国工商业联合会会员，于2018年当选江苏省投资基金业协会副会长单位。被告2015年度至2017年度报告载明，其营业总收入分别为4523.72万元、6099.19万元、7446.08万元。2017年，两原告发现在百度搜索检索“金茂资本”，检索结果出现标题为“金茂资本【官网】”的网页链接，点击该链接即可进入被告江苏金茂公司的网站www.jolmo.net，在该网站上大量出现有“金茂”“金茂投资”“金茂资本”等用于指示投资基金管理服务来源的文字标识，并且使用“金茂”“金茂投资”“金茂资本”作为企业简称。

上海市浦东新区人民法院经审理认为，本案的主要争议焦点在于：被告在其经营的网站www.jolmo.net及实际经营活动中使用“金茂”“金茂投资”“金茂资本”文字标识是否侵犯涉案注册商标专用权。被告未经两原告许可，在经营活动中使用“金茂”作为企业字号、使用“金茂投资”作为股票简称，是否构成不正当竞争。前者判断的重点在于被告从事的私募股权投资管理业务与涉案商标核定使用的服务是否构成相同或近似服务。后者判断的重点在于正确理解和适用《反不正当竞争法》第6条，在评判被告的行为是否构成不正当竞争时，不应超出相同或类似服务领域的范围。涉案五个注册商标均依法在我国商标局核准注册，且均在有效期内。原告上海金茂公司作为涉案注册商标的权利人、原告金茂集团公司作为涉案注册商标的普通被许可使用人，享有的注册商标专用权及被许可使用权受我国《商标法》保护。被告所从事的私募股权投资管理等服务与涉案第1507872号、第4886500号注册商标核定使用的“金融信息”存在紧密联系，构成类似服务，且该服务与金融信息之间的关联性易导致相关公众的混淆及误认；与两原告第20460319号、第20460196号及第20460335号注册商标核定使用的资本投资、基金投资、金融服务构成相同服务。被控“金茂资本”“金茂投资”标识分别与上述注册商标构成相同或近似。因此，被告在经营活动及对外宣传中使用“金茂”“金茂投资”“金茂资本”文字标识的行为侵犯了原告上海金茂公司的商标专用权及原告金茂集团公司对上述注册商标的许可使用权。《反不正当竞争法》第6条规定的有一定影响的商品名称、企业名称、网站名称等商业标识，其受保护的范围不应超出注册商标受保护的范围，且受该条文规制的不正当竞争行为，亦应是指在相同或类似商品（服务）上的混淆行为，不能扩张至不类似的商品或服务领域。被告使用“金茂”作为企业字号、使用“金茂投资”作为股票简称的行为，不构成不正当竞争。

办案策略及律师工作

本案律师通过上述三个角度，对本案进行了梳理和应诉，维护了客户的权益。

1. 诉讼主体是否适格角度：本案律师提出金茂集团公司不是本案适格主体，其所提出的“金茂大厦”名称权与本案不属于同一法律关系，不应一案处理。以此切割金茂集团公司与上海金茂公司在本案中的关联性，削弱原告观点的证明力。

2. 商标法角度：首先，本案律师通过举证说明被告对“金茂”“金茂投资”“金茂资本”的使用先于原告的商标申请日，由此提出被告的在先使用抗辩；其次，本案律师提出，被告对“金茂”“金茂投资”“金茂资本”的使用未超出原有范围，也未进入原告商标专用权的控制范围，且被告在私募股权投资基金领域已具有一定影响和知名度，因此不构成侵权；最后，本案律师提出“金茂”作为“经贸”的谐音，显著性较低，上海金茂公司对“金茂”字号以及“金茂”系列商标的使用不具有独创性。

3. 反不正当竞争法角度：首先，金茂大厦是建筑物名称，而非商品名称，公众不会将金茂大厦与被告相联系，不会导致混淆误认。其次，被告的企业名称、“金茂”字号、股票简称的使用符合行业规则，具有合法基础。被告有自己的logo和英文标识，因此有自己的辨识度，未借助“金茂大厦”或“金茂集团”等类似知名度进行宣传。最后，被告的服务范围是私募股权基金服务，考虑到私募基金受众的特殊性，被告的营收源于其专业能力，与原告不具备关联性，更不存在竞争关系。

裁判要旨及结果

（一）裁判要旨

在后登记企业字号是否构成不正当竞争，应综合考虑在后企业字号登记注册之时，在先商业标识在相同或类似商品（服务）领域是否具有一定的市场知名度和影响力，在后企业字号是否具有攀附在先商业标识的故意，是否在经营中引起相关公众的混淆或误认。《反不正当竞争法》第6条规定的有一定影响的商品名称、企业名称、网站名称等商业标识，其受保护的范围不应超出注册商标受保护的范围。受该条文规制的不正当竞争行为，是指在相同或类似商品（服务）上的混淆行为，不能扩张至不类似的商品或服务领域。

（二）判决结果

被告立即停止侵犯涉案注册商标专用权；赔偿两原告经济损失及合理费用共计302000元；被告在其官网首页及《金融时报》刊登声明，消除影响；驳回两原告的其余诉讼请求。

判决后，双方均未上诉，该案已生效。

律师评析

（一）典型意义

一是在法院认定被告构成商标侵权的情况下，认定被告使用"金茂"作为企业字号和股票名称不构成不正当竞争，保住了被告的企业字号和股票名称。法院依据我方的举证，认定我方使用"金茂"作为企业字号和股票名称，并不具有恶意，且字号承载了被告多年积累的商誉，在原告没有做私募行业之前是没有市场混淆发生的，故驳回了原告要求被告变更企业名称的诉讼请求，保住了被告的企业名称和股票名称。

二是被告作为新三板上市公司公开的年报显示每年盈利几千万元的情况下，原告提出1000万元的赔偿，被法院仅判赔20万元。这个数额是非常低的，因为原告"金茂""金茂大厦"确实具有极高的知名度，而我们作为代理人非常好的举证了没有攀附故意，且非常专业的说明了私募基金投资行业这个非常特殊的行业——其盈利主要来源于专业能力，并非借助"金茂"的知名度。在判决书的说理当中，法院肯定了我方的举证，认为被告年度报告中载明的私募基金管理业务收入并不等同于侵权获利，被告获利系依靠自身的经营能力，并无攀附之恶意。该案判决后，双方在上诉期最后一天到法院表示均放弃上诉，取得了良好的效果。

（二）法律评析

我国的知识产权法律制度都是以保护在先权利为原则，但也有在后商业标识可以与在先的权利共存的例外。因此对标识共存的例外是需要考虑的重点，否则会构成侵权行为。那么，相同或者近似标识如何共存？其一，共存始于无恶意或无不正当目的。这是指共存商标权利人之间是基于善意，或因一定事由消除恶意或不正当目的。这里可能是相抵触使用注册、使用均没有恶意或不正当目的；或虽相抵触在先权利人之间存在恶意或不正当目的，但基于法定或约定而消除这样的主观因素；或相抵触标识虽对先权利人存在恶意或不正当目的，但基于在法定情形下这一主观因素消除。其二，判断标识共存的起点也是一个具体的问题。如果无混淆之虞，自在后的标识注册之日或初始使用之日起共存关系建立。如果是因为明示同意或约定，起点因是否明确表明或约定有所不同：明确了共存起始时间的，以此为共存关系建立的起点；没有的，推定为在后的标识注册之日或初始使用之日起共存关系建立。基于默许或除斥期间经过后推定自在后的标识注册之日或初始使用之日起为共存。其三，相抵触标识均没有其他有违法律强制性规定时方有共存的空间。其四，满足以上的条件则可能免于承担侵权责任的风险，但其使用还是要受一定程度的限制，比如先用商标与注册商标共存，先用商标只能在原使用范围内继续使用等。

律师简介

王玮律师，北京盈科（上海）律师事务所监事会副主任、知识产权法律事务部主任、股权高级合伙人，上海市律师协会知识产权专业委员会成员。

擅自使用展台设计侵犯作品发行权、复制权及美术作品展览权

——上海九加建筑装饰工程有限公司与广州世泰服饰发展有限公司等侵害作品发行权纠纷、复制权纠纷、展览权纠纷案*

陈　晨　王欣桐

所获荣誉

上海市版权局“2014 年度上海十大版权典型案件”。

案情简介

原告上海九加建筑装饰工程有限公司（以下简称九加公司）诉称：

1.2011 年 12 月，被告上海诺金文化传播有限公司（以下简称诺金公司）就被告广州世泰服饰发展有限公司（以下简称世泰公司）参加在上海浦东举行的第 94 届中国针棉织品交易会（以下简称中针会）的展台设计进行招标，原告参加了投标，并约定如果展台采用原告的设计方案并由原告施工则仅需向原告支付施工费用，原告不另行收取设计费，如果展台未采用原告的设计方案则无须向原告支付设计费。原告投标后按诺金公司的要求投入大量人力、物力进行展台设计，于 2012 年 1 月 4 日形成两套设计方案初稿并通过电子邮件发给诺金公司，诺金公司表示使用第一套设计方案并要求原告修改完善，原告经修改后于同月 15 日形成设计方案第三稿即最终设计方案并发给诺金公司。同月 18 日，原告将展台的施工报价发给诺金公司，但诺金公司以报价高为由决定不使用原告的设计方案。

---

* 上海市浦东新区人民法院（2013）浦民三（知）初字第 553 号；上海市第一中级人民法院（2014）沪一中民五（知）终字第 81 号。

2. 2012 年 3 月 13 日，原告发现，世泰公司在中针会上参展的展台使用了原告的上述最终设计方案，其还在网络宣传中大量使用原告的最终设计方案的平面图。涉案展台的施工方为被告凡高公司，其在原告的最终设计方案完成之后形成的所谓设计方案与原告的最终设计方案高度相同。

3. 原告的最终设计方案由 12 张图片组成，设计的展台整体外形为多边形分隔造型的倒梯形几何体建筑形态，展台外形独特、整体感强烈，墙体、橱窗、吊灯、出入口、灯箱及内部空间等细节设计现代时尚，体现了英国式风格及世泰公司的“格丽顿”品牌气质，具有独创性，12 张图片属于图形作品中的产品示意图、产品设计图作品，原告将其中的 3 张图片作为美术作品进行了著作权登记，该 3 张图片既是美术作品，又是图形作品。原告对上述作品享有著作权，该权利应当受到法律保护。此外，原告还于 2013 年 4 月分别取得了涉案展台、吊灯设计的外观设计专利权。

4. 涉案展台整体外形、吊灯外形与原告作品构成实质性相同，三被告以招标为诱饵取得原告作品，擅自在国际展览会及互联网上使用，侵权手段恶劣，主观恶意明显，并由此获得了经济利益与声誉，共同侵害了原告对涉案作品享有的发行权、复制权及美术作品的展览权，应当承担共同侵权责任。

据上，原告提起诉讼，请求判令：三被告连带赔偿原告侵害著作权的赔偿金人民币 50 万元以及维权的合理费用 20500 元。法院支持了原告的诉请，判决被告赔偿原告经济损失。

办案策略及律师工作

本案代理人关注委托人九加公司与被告诺金公司之前投标关系，据此主张三被告恶意侵害委托人的著作权。九加公司参加了被告诺金公司的投标，在投标过程中，九加公司根据诺金公司的要求投入大量的人力、物力进行展台设计，经过多番修改，然而诺金公司却以报价高为由不使用九加公司的设计方案。最终却在展会中使用了原告的设计方案，可见诺金公司假借投标磋商窃取九加公司的劳动承诺之恶意十分明显。

本案代理人对九加公司设计的展台是否构成著作权法意义上的作品进行了详细论述，主张展台的设计图片具有独创性，构成了著作权法意义上的作品，原告对上述作品享有著作权，该权利应当受到法律的保护。

法院裁判及结果

（一）一审法院观点

本案系展台招标设计及施工所引发的著作权侵权纠纷案件。原告认为其投标设计的涉案展台属于图形作品（产品示意图、设计图作品）及美术作品，三被告共同侵害了其著作权，要求三被告赔偿损失；三被告分别或者共同提出了涉案展台的使用具有合法来源、原告的展台设计不构成作品、即使属于作品但原告不是著作权人或者唯一的著作权人、被告没有接触到原告的展台设计、原告主张的赔偿数额无事实与法律依据等多项抗辩意见。根据本案案情及当事人的诉辩意见，法院认为，本案争议焦点主要是：涉案展台设计是否属于受著作权法保护的作品；如属于作品，原告是否系著作权人；如原告系著作权人，被告是否构成侵害著作权；如被告构成侵权，如何确定被告的赔偿数额。

1. 关于涉案展台设计是否属于作品及作品属性

依据我国著作权法及其实施条例的规定，作品是指文学、艺术和科学领域内具有独创性并能以某种有形形式复制的智力成果，包括美术作品、图形作品等等；美术作品是指绘画、书法、雕塑等以线条、色彩或者其他方式构成的有审美意义的平面或者立体的造型艺术作品；图形作品是指为施工、生产绘制的工程设计图、产品设计图以及反映地理现象、说明事物原理或者结构的地图、示意图等作品。原告主张著作权的涉案展台设计的内容为12张图片。法院认为，涉案展台设计图片中的鸟瞰图、透视图中的展台外形造型具有一定独创性，故鸟瞰图、透视图构成美术作品。

2. 关于涉案展台设计的著作权归属

依据我国著作权法及其实施条例的规定，除著作权法另有规定外，著作权属于作者；由法人主持，代表法人意志创作，并由法人承担责任的作品，法人视为作者；如无相反证明，在作品上署名的法人视为作者；创作是指直接产生文学、艺术和科学作品的智力活动，为他人创作进行组织工作，提供咨询意见、物质条件，或者进行其他辅助工作，均不视为创作；没有参加创作的人，不能成为合作作者。

法院认为，涉案美术作品系原告为承揽建设世泰公司的涉案展台工程而专门创作，几易其稿而成，原告在作品上署名并作版权声明及美术作品著作权登记，故属于由原告主持、代表原告意志进行创作并由原告承担责任的作品，原告为涉案美术作品的著作权人。诺金公司虽对涉案展台设计提出了体现英伦风范等要求并提供了上海世博会意大利馆外形图片等设计方面的参考材料，在设计过程中也提出了修改意见，但上述行为属于思想范畴，是对展台设计的思想性要求，本身并不能够直接产生美术作品，而原告的设计系通过自己的智力劳动，将诺金公司的思想范畴的设计要求通过绘画方式进行了具体地表达,该表达体现了原告对诺金公司设计要求的个性化理解及结果,即由原告进行了独创性的表达,其行为属于独立创作。诺金公司未在涉案作品上署名,且根据诺金公司的要求,针对同一题材,不同的设计主体虽然创意相同,但完全可能作出不同的设计,诺金公司举证的神奇公司的设计与原告的设计就存在明显的区别,此也说明诺金公司的行为不属于创作。因此,诺金公司不是涉案美术作品的合作作者,不享有著作权。

3. 关于被告是否构成侵权

原告指控涉案展台整体外形、吊灯外形与其作品构成实质性相同,被告还在网络上使用了其作品,故被告侵害了原告作品复制权、发行权、展览权。法院认为,首先,由于涉案吊灯外形设计不构成作品,故原告关于吊灯的侵权指控不能成立。其次,著作权法意义上的发行是指以出售或者赠与方式向公众提供作品的原件或者复制件;著作权法意义上的展览是指公开陈列美术作品、摄影作品的原件或者复制件。由于无证据证明被告实施了将原告作品进行发行、展览的行为,故被告不构成侵害原告作品的发行权、展览权。最后,由于涉案“中国服装网”等网站的网页内容系有关网络媒体所作的新闻宣传报道,且涉案网站并非由被告经营管理,也无证据证明相关网页图片系由被告提供、上传,故原告关于被告就网络上存在相关图片的行为构成侵权的指控不能成立。

对于原告的其余侵权指控内容,法院认为,在展会活动中,各参展商可能需要自行搭建展台,各自搭建的展台完全可能会有不同的外观形状,外观造型优美、独特等具有艺术美感的展台往往能够吸引参展公众更多的眼光,此类展台能更好地展示参展商的商业形象并有利于其赢得商机,故参展商往往会对展台外形进行一定的设计,如该种设计具有一定独创性并被实际使用于展台,则应当依法规制该种使用设计的行为,可以从著作权法的角度依法保护设计人的合法权益。著作权法意义上的复制是指以印刷、复印、拓印、录音、录像、翻录、翻拍等方式将作品制作一份或者多份。原告指控涉案展台整体外形与其作品构成实质性相同,该指控的实质是认为被告依据原告的平面美术作品建成立体物体的行为构成侵权,被控侵权行为是从平面到立体的复制行为。根据平面美术作品建造建筑物或者构筑物或者其他立体物体,如果建成的物体属于具有审美意义的建筑作品或者其他类型的作品,则该平面美术作品具有双重的作品属性,即系建筑作品或者其他类型的作品的平面表现形式，相关建造行为属于对该平面美术作品的复制即以立体形式复制了平面美术作品的艺术美感，构成侵害作品复制权。

法院认定，诺金公司、凡高公司接触到了原告的美术作品，为商业营利目的，以平面形式先共同复制了原告的美术作品，再将原告平面美术作品的外形造型艺术美感复制到立体的构筑物中，已经构成共同侵害原告作品复制权。由于前一个从平面到平面的复制行为是后一个从平面到立体的复制行为的基础，且两个侵权行为的目的、后果同一，故属于一个整体的侵权行为。依据在案证据，世泰公司于2012年1月19日通过诺金公司的电子邮件获得了原告的美术作品，在此后又通过诺金公司获得了凡高公司的所谓设计方案。世泰公司认为其从未接触到原告设计方案的抗辩与其举证的其与诺金公司的电子邮件内容相悖，故该抗辩意见不能成立。根据涉案《合约书》《展台设计制作服务合同》等证据，世泰公司系设计方案的样稿提供者、设计方案采用与否的最终确认者，知道或者应当知道原告的在先设计与凡高公司的所谓在后设计存在实质性相似，但仍与凡高公司签订合同，由凡高公司依据原告作品的展台外形搭建展台，具有过错，故也构成共同侵害原告作品复制权。世泰公司虽对涉案展台的设计、搭建等付出了一定的对价，但在主观上不具有善意，其合理使用原告作品的抗辩意见不能成立。世泰公司、诺金公司所签《合约书》虽约定违法行为由诺金公司承担全部责任，但该约定系合同双方当事人之间的内部约定，不能据此对抗合同外的第三人；凡高公司虽在其提交的展台设计上作了版权声明，但该声明不足以妨碍世泰公司对原告的在先设计与凡高公司的在后设计存在实质性相似的认知和判断。因此，上述合同约定、版权声明均不构成世泰公司可以依法免责的情形。

4. 关于赔偿数额

著作权依法受到保护。除合理使用等法定情形外，未经著作权人许可，擅自使用著作权人作品的，均构成侵害著作权。侵害著作权的，应当依法承担停止侵权、赔偿损失等民事责任。原告对涉案美术作品依法享有著作权，三被告构成共同侵害原告作品复制权，应当依法连带承担民事责任。鉴于原告的诉讼请求为判令三被告赔偿损失，故三被告应当连带赔偿原告损失。判决被告广州世泰服饰发展有限公司、上海诺金文化传播有限公司、上海凡高展览策划有限公司于本判决生效之日起十日内共同赔偿原告上海九加建筑装饰工程有限公司经济损失合计人民币46500元。

九加公司不服一审判决,向上海市第一中级人民法院提起上诉。

(二)二审法院观点

二审法院认为:根据各方当事人二审期间的诉辩意见,本案的争议焦点在于:(1)涉案展台设计组图中的平面设计图及材质图是否具有独创性,属于著作权法意义上的作品;(2)一审判决的赔偿数额是否合理。

关于争议焦点一,上诉人认为,涉案展台设计组图中的平面设计图及材质图属于《中华人民共和国著作权法实施条例》中规定的图形作品中的"工程设计图",且两张图片达到了我国著作权法要求的独创性要求,属于著作权法意义上的作品。对此法院认为,与处于艺术领域的美术作品相比较而言,处于科学领域的工程设计图主要服务于实用性功能,但著作权法保护这类设计图却并非因为其中的实用性功能而在于这些图形本身具有的美感。设计图之所以能够成为作品,与其设计方案及对应的工程和产品的技术实用性无关,而是因为这些由点、线、面或各种几何图形组成的设计图本身具有设计者眼中的"看上去"简洁、精确、对称等科学严谨之美,而不是依照设计图变成工程或实物之后的美感或实用性。这才是图形作品符合独创性标准的应有之义。

根据原审查明的事实,涉案展台设计组图中的平面设计图通过图形、文字的综合描述,主要展示了橱窗、洽谈区、更衣间、秀区(舞台)等展台区域的设置,各区域的形状以及相互之间的位置关系多用简单的平面几何图形、简短的文字来表达;该图片的作用在于使人了解整个展台内外部的空间格局而非展示展台具有美感的整体或细节的外形、颜色等。而涉案展台设计组图中的材质图中间部分为展台整体外形,同时围绕展台的上下左右多个立体面对展台结构部分的建材选用进行了简要的文字说明,该图片的主要作用在于使人了解展台各结构选用的材质情况,无法使人直接从中感受到展台具有美感的整体或细节的外形、颜色等。上述两张图片的总体表达简单,未能体现设计者独特的智力判断与选择,不属于著作权法意义上的作品。对上诉人的此项上诉请求及理由本院不予支持。

关于争议焦点二,法院认为现上诉人既不明确其因三名被上诉人的侵权行为所遭受的损失,也不能证明三名被上诉人因侵权所获得的客观、实际的利益,故原审法院综合考虑涉案图片作品的独创性程度、创作时间及成本、三名被上诉人侵权的主观恶意程度、侵权行为的持续时间等因素确定三名被上诉人的赔偿数额合法合理，予以认同。对上诉人的此项上诉请求及理由法院不予支持。二审法院判决：驳回上诉，维持原判。

律师评析

（一）典型意义

本案表明展台外形的设计如果具有一定独创性并被实际使用于展台，则应当依法规制该种使用设计的行为，可以从著作权法的角度依法保护设计人的合法权益。具体如下：在展会活动中，各参展商可能需要自行搭建展台，各自搭建的展台完全可能会有不同的外观形状，外观造型优美、独特等具有艺术美感的展台往往能够吸引参展公众更多的眼光，此类展台能更好地展示参展商的商业形象并有利于其赢得商机，故参展商往往会对展台外形进行一定的设计，如该种设计具有一定独创性并被实际使用于展台，则应当依法规制该种使用设计的行为，可以从著作权法的角度依法保护设计人的合法权益。

（二）法律评析

根据《著作权法》第 10 条规定，复制权是指以印刷、复印、拓印、录音、录像、翻录、翻拍等方式将作品制作一份或者多份的权利。根据平面美术作品建造建筑物或者构筑物或者其他立体物体，如果建成的物体属于具有审美意义的建筑作品或者其他类型的作品，则该平面美术作品具有双重的作品属性，即系建筑作品或者其他类型的作品的平面表现形式，相关建造行为属于对该平面美术作品的复制即以立体形式复制了平面美术作品的艺术美感。本案中具有艺术美感的展台设计，已经达到了独创性的高度，他人未经许可的使用行为，可构成侵害作品复制权。

律师简介

陈晨律师，高级合伙人律师、专利代理师，盈科第四届全国知识产权法律专业委员会副秘书长、盈科第二届全国专利法律专业委员会副主任、上海市律师协会专业委员会委员、上海大学法学院校外导师。陈晨律师具有十年专业法律服务经验，陈律师为众多客户提供诉讼与非诉服务，主要涉及知识产权布局、知识产权侵权纠纷、公司业务合规等。尤其擅长处理企业商标布局、商标维权、商标无效、复审、撤销及对应行政诉讼等各类商标纠纷。陈晨律师在 2018 年度被评为知识产权优秀律师。

王欣桐律师，盈科股权高级合伙人律师、专利代理师、上海市律师协会专业委员会委员。王欣桐律师是第十一届上海律协“一带一路”业务研究委员会委员，中国政法大学法学学士，香港中文大学普通法硕士，盈科高级合伙人，具有七年以上专业法律服务经验。曾于英国大律师公会交流培训并在伦敦 Three New Square 律师事务所交流实践，具有流利的英文沟通能力。王欣桐律师具有丰富的知识产权诉讼经验以及非诉经验，主要业务领域涉及知识产权法律顾问、民商事诉讼及其他非诉项目案件。

非分类表内的非常规商品是否侵犯他人商标权的精准认定

——某电子工业股份公司诉某电器公司侵害商标专用权纠纷案*

王南海

所获荣誉

2016年福建省律师知识产权十大典型案例。

案情简介

原告某电子工业股份公司于1992年4月30日取得第7类第592696号"雷达"商标注册，核准使用商品为"液面控制器、压力开关"，经商标局核准续展注册，现该商标的续展注册有效期自2012年4月30日至2022年4月29日。

其生产的"雷达"牌液面控制器在中国台湾、中国大陆及东南亚都享有很高的知名度，经过几十年的不断努力，公司形象暨产品品质得到了市场的肯定，深受国内外消费者好评。

经市场调查，原告发现某电器公司在网络平台上销售"雷达"牌全自动水泵液面控制器，至案发期间，原告在公证处申请对名为某电器公司的相关网页、购买有关侵权产品的过程及内容进行保全证据公证。据此，原告认为被告的行为属于《商标法》第57条第2项所指的"未经商标注册人的许可，在同一种商品上使用与其注册商标近似的商标，或者在类似商品上使用与注册商标相同或者近似的商标，容易导致混淆的"情形，构成了侵犯注册商标专用权的行为，故向法院提起侵害注册商标专用权诉讼。

---

* 福建省泉州市中级人民法院(2015)泉民初字1627号民事判决书；福建省高级人民法院(2016)闽民终931号。

被告对其生产、销售的雷达牌全自动水泵控制器的行为没有异议，但其提出我方的注册商标在分类表上根本没有“液面控制器”，并且实践中也没有所谓的“液面控制器”，其生产、销售的产品也不属于液面控制器，因而不构成侵权；其次，其申请注册的“雷达”商标于2014年11月7日获得国家商标局核准，核定使用商品为第9类“电开关、自动定时开关、控制板(电)、高低压开关板、工业操作遥控电器设备、电站自动化装置、配电箱(电)、电动调节设备(截止)”，注册有效期限至2024年11月6日。被告认为其销售的产品上所使用的商标是合法注册的，使用的商品是电开关，系合法的正常使用。

办案策略及律师工作

针对被告提出的不构成侵权的几点异议，主要有以下四点应对思路：

1. 在商标分类表上不存在的商品应如何定性？

一个商标的核定使用范围与商标分类表不一致时，以商标注册证书上所核定的使用范围为准。双方对本案中的被告生产、销售雷达牌全自动水泵液位控制器、水塔水位控制器、浮球液位开关、浮球开关的事实无争议。本案中，被告生产、销售雷达牌全自动水泵液位控制器等与原告注册商标核定使用的液面控制器，从概念分析，前者是后者的下位概念，应属于后者的某一小类产品范畴。

2. 商标分类表上不存在的商品项目是否与已注册的商品项目构成相同或类似？

商标分类表乃国际通用，但由于时代在发展，随着新兴事物的不断出现，并非所有的商品都会体现在商标分类表上，在实际运用过程中可以结合我国市场上已经实际流通的商品将其归类于商标分类表上已有的大类中。如果该商品存在于商标分类表上的大类并已取得商标注册证，那么该商标应当依法得到保护。所以，即使商品未存在于商标分类表上，也应依法得到法律保护。

3. 商标分类表上的变化是否意味着维权基础的变化？

随着市场上商品的更迭换代，商标分类表也在不断更新，所以商标权利人维权时应当适用其申请注册商标时的版本。即使当注册商标遭受到侵权，商标分类表上已无该商品项目，其注册商标仍是受到保护的，商标权利人依然具有维权基础。在案件审理过程中，即使商标分类表第9类中已经没有“液面控制器”这一小项，但根据商标注册证上所核定的商品使用范围“液面控制器”，不影响商标注册证的效力。

4. 如何定性“在同一种商品上使用与其注册商标近似的商标，或者在类似商品上使用与注册商标相同或者近似的商标”的行为?

首先,确定注册商标专用权的范围。判断是否构成商标侵权行为所考虑的一切因素都是围绕注册商标专用权的权利范围来进行的。根据《商标法》第56条的规定:“注册商标的专用权,以核准注册的商标和核定使用的商品为限”。显然,从这条规定上看,注册商标专用权的权利范围由两个因素来确定,一是核准注册的商标,二是该注册商标所核定使用的商品,这也就为认定商标权侵权行为确定了与被控侵权对象进行比较的标准,以便得出是否构成侵权的结论。

其次,确定被控侵权的对象。被控侵权对象的确定由两个方面的因素所决定,一是被控侵权的商标,二是被控侵权的商标所对应的商品。确定被控侵权具体对象的意义在于确定和固化被控侵权行为的载体,为下一步与商标权保护范围的比对打下坚实基础。它与确定注册商标专用权的权利范围同样重要,是认定商标侵权行为的另一比较对象。

最后,将被控侵权对象与注册商标和该注册商标所核定使用的商品进行比较,认定被控侵权的商标与注册商标是否构成相同或者近似,以及被控侵权商标所使用的商品与该注册商标所核定使用的商品是否属于同一种类或者相类似。

在本案中,法院经过审理认定,被告生产、销售的产品属于原告注册商标核定使用的商品范畴,而被告在其产品外包装上使用“雷达”“雷达牌”标识,在产品说明书上印有“雷达牌”字样,与原告注册商标的含义相同。因此,被告的行为属于在相同商标上使用与原告注册商标近似的商标的行为,侵犯原告的注册商标专用权。而被告注册的“雷达”商标,其核定使用商品为第9类,并不包括液面控制器,故其有关生产、销售的产品所使用的商标系经合法注册的辩解理由于实于法不符,不予采纳。

裁判要旨及结果

本案历经一审、二审,最终判决:

1. 被告某电器公司应立即停止侵犯原告“雷达”(注册号为第562696号)注册商标专用权的行为,即立即停止生产、销售雷达牌全自动水泵液位控制器、水塔水位控制器、浮球液位开关、浮球开关,并销毁库存侵权产品;

2. 被告某电器公司应于本判决生效后十日内赔偿原告经济损失(包括原告为制止被告侵权行为而支付的合理开支)人民币12万元。

律师评析

(一)典型意义

此案的胜诉,引导着我们对商标侵权纠纷的进一步思考。在现实生活中,大部分的商标权利人对他人侵犯自己的商标行为并不重视,更谈不上如何确定产品是否侵犯了注册商标的专用权。在认定生产、销售非分类表内的非常规商品是否属于他人注册商标核定使用的商品的范畴时,需要精准把握注册商标核定使用的商品范围及非规范性商品归类的认定。在面对非规范性商品时可通过分析其结构特征、功能等要素对其认定,准确把握商品所属的范畴,从而进一步帮助认定商标构成侵权与否。

(二)法律评析

通过案情的回顾与反思,代理人认为尽管在该起案件中被告也同样拥有"雷达"商标的注册,但最终还是被认定构成侵权。那么本案最终胜诉的根本原因到底是什么?

首先,涉案的侵权产品是全自动水泵液位控制器,虽然原告所注册的"雷达"商标核定产品未明确显示全自动水泵液位控制器,但从概念分析,全自动水泵液位控制器是液面控制器的下位概念,应属于后者的某一小类产品范畴,故应认定被告生产、销售的产品属于原告注册商标核定使用的商品范畴。

其次,本案中被告一直坚持其在第9类注册的"雷达"商标可以在全自动水泵控制器上使用,但根据《商标法》第56条规定:"注册商标的专用权,以核准注册的商标和核定使用的商品为限。"也就是说,即使被告在第9类注册了"雷达"商标,但由于全自动水泵液压控制器并不在其注册商标的核定使用范畴,而是属于原告注册的"雷达"商标的核定使用商品范畴,被告的行为仍然侵犯了原告的注册商标专用权。

最后,最为重要的是,涉嫌侵权的商品是否与非分类表内的非常规商品相同,应通过哪些要素进行认定,是否需要鉴定?代理人主要通过产品的结构特征、功能等要素进行归纳认定。

律师简介

王南海律师,北京盈科(泉州)律师事务所管委会委员、文化品牌工作委员会主任、知识产权法律事务部主任,泉州律协知识产权专业委员会委员,其具有律师、专利代理师、商标代理人三资质,获得"福建省商标维权能手""福建省商标注册能手""福建省优秀商标代理人""盈科全国知识产权法律事务领域优秀律师"等荣誉称号,以专业类(在全省或本行政辖区范围内被业内公认是某一专业领域突出人才)入选福建省优秀青年律师人才库,根据《中共泉州市委泉州市人民政府关于实施人才"港湾计划"的若干意见》等有关规定入选泉州市高层次人才。

迎难而上，仔细对比芯片选择方法，致原告专利维权遭遇滑铁卢

——深圳市时域科技公司与张某某、王某某侵害发明专利权纠纷案*

闫东伟

所获荣誉

江苏省律师协会"2017年度知识产权经典案例"，江苏省律师协会"知识产权经典诉讼案例征集评选活动"三等奖。

案情简介

2010年12月9日，涉案专利发明人刘某某向国家知识产权局申请名称为"由控制芯片直接驱动的LED数码万年历及其实现方法"的发明专利，并于2012年11月28日获得授权并公告，该专利权在本案庭审时仍处于有效的法律状态。2012年10月12日，专利权人刘某某与原告深圳市时域科技公司（以下简称时域公司）签订了《专利实施许可合同》，约定刘某某将涉案专利独占许可给原告实施，合同有效期自2012年10月10日起至2014年10月9日止，专利使用费100万元分两期支付，并授权原告有权就本专利的涉嫌侵权事宜向人民法院提起诉讼。该《专利实施许可合同》已于2012年11月9日在国家知识产权局进行了备案。2014年10月8日专利权人刘某某与原告签订《补充协议》，约定就双方于2012年10月12日签订的《专利实施许可合同》未尽事宜达成补充协议，原告有权在该合同约定的专利许可期限届满后向人民法院提起诉讼并享有所有相关诉讼权利。2014年8月30日，专利权人刘某某与原告就本专利再次签订了《专利实施许可合同》，仍约定刘某某将本专利独占许可给

* 江苏省南京市中级人民法院(2014)宁知民初字第245号。

原告实施，合同有效期自2014年10月10日起至2017年10月9日止，专利使用费150万元分三期支付，并授权原告有权就本专利的涉嫌侵权事宜向人民法院提起诉讼。

2013年始，原告认为被告张某某、王某某生产、销售的LED数码万年历产品，在基本电路结构特别是显示模块结构与控制芯片的连接方式都与原告涉案专利相一致，故诉至法院，请求被告立即停止生产与销售侵害原告发明专利权的行为，销毁库存侵权产品，以及赔偿经济损失及合理费用共计100000元。被告张某某认为其销售的被控侵权产品有合法来源；其不存在专利侵权的故意；被控侵权产品使用的技术为现有技术，是深圳市南方泰科软件技术有限公司（以下简称泰科公司）所使用；其销售的被控侵权产品没有落入原告专利权的保护范围。被告王某某认为被告张某某销售的被控侵权产品不能确认由其销售，被控侵权产品的技术方案与原告专利既不相同也不等同。

最终，法院认定被控侵权产品未落入涉案专利的保护范围，判决驳回原告的全部诉讼请求。

办案策略及律师工作

本案中，闫东伟律师代理被告张某某，张某某本人是残疾人，其妻子也是下岗工人，一家生活拮据，本案中被告方多次提出和原告方和解，原告方均提出较高赔偿额度，导致和解失败。

闫东伟律师经过检索大量案件得知，原告此前在济南市中级人民法院、中山市中级人民法院、广东省高级人民法院等地就相同专利提起的诉讼接连胜诉，判决赔偿金额从7万元到12.5万元不等，且该专利稳定性较好，无效可能性很小。尽管面临原告连胜的不利局面，闫东伟律师仍然积极应对，力图减轻或免除当事人的赔偿责任。庭审中原告明确涉案专利的保护范围为权利要求1，因为权利要求1是方法权利要求，而被控侵权的则是产品，因此有必要深入分析被控侵权产品是否按照权利要求1所述方法来选择芯片。经过对涉案专利和被控侵权产品的深入研究后发现，涉案专利权利要求1披露的选择控制芯片的方法虽然最经济、快捷，但并不是唯一的方法。经过咨询被控侵权产品的生产商泰科公司后得知，被控侵权产品中芯片选择方法与涉案专利权利要求1的方法不同，虽然不如涉案专利的方法便捷、精确，但与电学基本原理并不矛盾。因此，围绕“被控侵权产品选择芯片的方法与原告涉案专利权利要求1的方法不相同”这一点来进行不侵权抗辩，通过申请泰科公司作为证人出庭，对被控侵权产品选择芯片的方法从原理上进行了详细论述，得出被控侵权产品未落入涉案专利保护范围的结论。最终法院判决驳回了原告的全部诉讼请求。本案的胜诉不仅是一个案件的胜诉,还直接导致了原告就同一专利提起的其他侵权诉讼因相同理由被法院驳回。

裁判要旨及结果

(一)裁判要旨

本案的争议焦点:1. 原告经公证购买的被控侵权产品是否落入涉案专利的保护范围;2. 被告主张的现有技术抗辩是否能成立。

第一,关于被控侵权产品是否落入涉案发明专利的保护范围。庭审中,原告明确以涉案专利的权利要求 1 为专利的保护范围。根据权利要求 1 记载的技术特征,有三方面的内容:一是一种由控制芯片直接驱动的 LED 数码万年历显示矩阵中,显示点的引角与显示矩阵中地址线、数据线的连接方式。二是确定显示点的总数范围。三是通过所披露的数学公式运算所得结果选择控制芯片的方法。法院认为,原告时域公司依据来源于现有控制芯片工作结果总结出的检测方法,来反推使用现有控制芯片生产的涉案产品,并以此来推定涉案产品选择控制芯片时一定是使用了其涉案专利方法的主张不能成立。泰科公司技术人员所陈述的选择方法虽然不如涉案专利的方法便捷、精确,但与原告的涉案专利方法不相同。根据现有证据所查明的事实,不能证明被控侵权产品在选择控制芯片时,使用了涉案专利权利要求 1 所披露的方法,该产品所体现的技术特征与涉案专利权利要求 1 相比,没有一一对应,故未落入涉案专利的保护范围。

第二,关于被告张某某主张的与涉案产品技术方案相同的使用 TG3118 控制芯片生产的 LED 数码万年历,在原告涉案专利申请日前已公开生产、销售的事实是否能够成立。法院认为,被告张某某主张其所销售的被控侵权产品最终来源于泰科公司,该产品使用的是现有技术,关键问题是选择使用该控制芯片的 HX－0818BC 型数码万年历产品的公开销售时间是在原告涉案发明专利申请日之前,被告张某某的上述抗辩主张才能成立。但被告张某某对此没有提供有效证据证明,其申请出庭的证人陈某也不能证明 HX－0818BC 型数码万年历实物的具体形成时间。故法院对被告张某某此项抗辩主张不予采信。

此外,关于被告主张的其所销售的本案被控侵权产品享有合法来源的抗辩。法院认为,被告张某某此抗辩意见涉及被告构成专利侵权的情形下,被告应如何承担侵权赔偿责任的问题。由于本案原告指控被告专利侵权不能成立,故对被告此项抗辩理由无须审理。

(二)裁判结果

法院驳回原告时域公司的全部诉讼请求;案件受理费由原告时域公司负担。

律师评析

(一)典型意义

本案中闫东伟律师虽然出于社会公益考虑接受了当事人的委托,但面对原告在此前的诉讼中几乎是"毫无失手"的情况下,仍然积极从理论及被诉侵权产品的结构上进行深入剖析,通过分析被控侵权产品选择芯片的方法与原告涉案专利权利要求1的方法不相同,论证出原被告的专利方法并不一致,击溃了对方的请求权基础。不仅帮助我方当事人免除了赔偿款,更是澄清了此前原告成功维权的系列案件中被诉侵权方的责任。本案将引导律师代理及司法审判中,在处理知识产权维权案件时更多地"吹毛求疵",在知识产权维权"井喷式"爆发的今天,更注重对知识产权侵权比对等细节内容,通过钻研技术、深挖细节比对等方式,鼓励精细化的知识产权诉讼案件代理及审判工作。

(二)法律评析

《专利法》第59条第1款规定:"发明或者实用新型专利权的保护范围以其权利要求的内容为准,说明书及附图可以用于解释权利要求的内容"。《最高人民法院关于审理侵犯专利权纠纷案件应用法律若干问题的解释》第7条规定:"人民法院判定被诉侵权技术方案是否落入专利权的保护范围,应当审查权利人主张的权利要求记载的全部技术特征。被诉侵权技术方案包含与权利要求记载的全部技术特征相同或者等同的技术特征的,人民法院应当认定其落入专利权的保护范围;被诉侵权技术方案的技术特征与权利要求记载的全部技术特征相比,缺少权利要求记载的一个以上的技术特征,或者有一个以上技术特征不相同也不等同的,人民法院应当认定其没有落入专利权的保护范围"。

由于同一效果可能由多个技术途径达到,因此在专利侵权比对中不能想当然地进行技术推论,而应当细致地进行单独比对,以符合法律规定的方式推理是否侵权。

律师简介

闫东伟律师,南京市律协信息网络与高新技术委员会副主任,盈科全国信息网络与高新技术委员会主任，盈科南京律师事务所股权高级合伙人、律师、专利代理师，盈科南京律师事务所合伙人管理委员会副主任、知识产权与互联网法律事务部主任、青年律师工作委员会主任。南京市律协知识产权法律委员会委员、江苏省律协交通运输法律委员会委员、江苏省律协专业律师人才库成员（知识产权）、江苏省版权协会中心调解员、泰州学院特聘教授（知识产权）、麦田知识产权团队创始合伙人。

店面装潢遭“碰瓷”，维权之道如何抉择

——深圳市云创服装设计有限公司、深圳市名鹭服饰设计有限公司侵害著作权及不正当竞争纠纷案*

王承恩　崔利楠

所获荣誉

广东省律师协会“2019 年度广东律师竞争与反垄断类典型案例”。

案情简介

原告深圳市云创服装设计有限公司（以下简称云创公司）于 2014 年 10 月 20 日创作完成 MAXRIENY 奇幻城堡店铺形象，并于 2015 年 8 月 21 日取得该作品登记证书（证书登记号为国作登字 －2015 －L －00224713）。该店铺形象以“森林古堡秘境”为概念，通过中世纪装饰元素结合宫廷设计，表达超现实意境。店铺中的灰墙、试衣间、吊架等作品伴有古堡雕花的点缀创作出具有独创性的造型。

被告一深圳市名鹭服饰设计有限公司（以下简称名鹭公司）于 2017 年 3 月 9 日在被告二天虹商场股份有限公司（以下简称天虹商场）开设店铺，所使用的许多元素和道具均与原告具有著作权的独创作品构成实际性近似，例如灰墙、试衣间、吊架等，侵害了原告的著作权。

此外，原、被告双方均是从事都市女性服装的设计及销售的行业，经营类别范围及地域范围均存在重合，具有同业竞争关系，且云创公司旗下服装品牌 MAXRIENY（玛克茜妮）奇幻城堡店铺形象经过长期持久、广泛的使用，在相关公众已具有很高的知名度及影响力，被告明知原告存在在先权利，仍在其服装

---

* 广东省深圳市福田区人民法院（2018）粤 0304 民初 27311 号民事判决书。

店铺中擅自使用店铺相同的店铺装潢,具有混淆的可能性,构成不正当竞争。

办案策略及律师工作

接受原告委托后,根据当事人提供材料整理诉讼方案及工作流程:

1. 前期勘察阶段。组织办案人员前往原、被告双方实际经营服装店铺进行勘察,尤其是被告方开设不同区域的连锁店铺,初步判断双方店铺装潢构成相似程度,同时结合法院在先判例倾向从而确立管辖法院。

2. 大数据检索阶段。根据前期勘察报告要点总结本案难点,诸如店铺装潢的权利属性是否构成著作权意义上的作品,如果是作品的类型应为建筑作品还是美术作品,以及对方复制行为是属于平面到立体的复制还是立体到立体的复制等一系列问题,以上理论问题在司法实践中在先判例作出价值性裁判要点,都需要根据实际的检索报告从而发现解决问题的路径。

3. 诉前证据固定阶段。一方面与原告方公司设计人员多次沟通并搜集创作过程证据,同时搜集使用及知名度证据等;另一方面对被告侵权行为包括不限于店铺装潢的细节、服装款式、文案宣传等行为进行逐一固定。

4. 组织诉前会议。根据当事人需求确定诉讼请求,比如是否需要将天虹商场列为共同被告,是否会影响原告公司与天虹商场的正常合作,是否有利于案件后续的执行等问题进行利弊分析提出专业法律意见,以便当事人进行决断。

5. 为进一步让法官了解案件事实,团队采用 PPT、EXCEL 等可视化、数据化、时间轴等形式(见图 1、图 2、图 3),将原告主张权利基础与被告实际店铺装潢截图进行充分比对,对案件事实经过按时间顺序整理成时间轴等可视化的形式。

序号	比对要点	原告方实际使用情况	著作权形成日	对应证据/页码	被告方实际使用情况	使用日期	对应证据/页码	公证店铺/网页
1	被告陈列1：店面入口处被告采用与原告相同的残垣断壁的灰墙，其logo灯箱亦采用亚克力LED灯箱与灰墙结合的方式呈现		2014.10.20	证据13，P341		2017.03.07	证据5，P118	天虹商场
2	被告陈列2：试衣间门口对面放置复古沙发，沙发后采用红棕色窗幔点缀，窗幔后方放置方形木桌、枯树		2014.10.20	证据2，P33 证据13，P334		2017.03.07	证据4，P109	天虹商场

图1　原告权利基础/实际使用情况与对方实际使用情况比对

序号		原创内容	权利类型/组合元素	描述	原告作品备案样本	原告设计图/效果图	原告使用证据	被告侵权行为证据
1	独立设计	灰墙	建筑作品/立体美术作品	店面入口的玻璃橱窗处，被告采用与原告相同的残垣断壁的灰墙，其logo灯箱亦采用亚克力LED灯箱与灰墙结合的方式呈现，成为整个店铺中具有显著性的部分	证据2，P19 证据2，P26 证据2，P28	证据3，P53	证据13，P298 证据13，P341 证据14，P413	证据5，P179 证据6，P203
2		试衣间	建筑作品/实用美术作品	被告的试衣间内外采用与原告店铺极其相似的复古红色墙纸，试衣间门型也都采用木质材料包边呈现拱门状	证据2，P23	证据3，P52	证据13，P351 证据14，P385 证据14，P415	证据4，P109 证据6，P210
3		吊架	实用美术作品/图形作品	被告的吊架系采用与原告独创性设计图完全一致的花纹纹路构造，以及用铁艺来表现复古的雕花，并伴有铁链兼具装饰及调整高度的作用	证据2，P33	证据3，P47	证据13，P302	证据6，P205、P207
4		屏风	实用美术作品/图形作品	被告的上端铁艺花边对称呈现，下方由五根长圆柱支撑，与原告的非常近似	证据2，P33	证据3，P46	证据13，P300	证据4，P99 证据6，P201
5		吊挂灯箱	实用美术作品/图形作品	本案中吊挂灯箱的大小、高度、摆放角度、展现形式均系原告独创性设计，而被告的与原告一样，且均置于店面入口处斜上方	证据2，P34	证据3，P68	证据13，P320、P328 证据13，P354 证据14，P382 证据14，P412	证据4，P87

图2　原告权利及侵权行为证据梳理

（一）原告方就美术作品与图形作品享有在先著作权

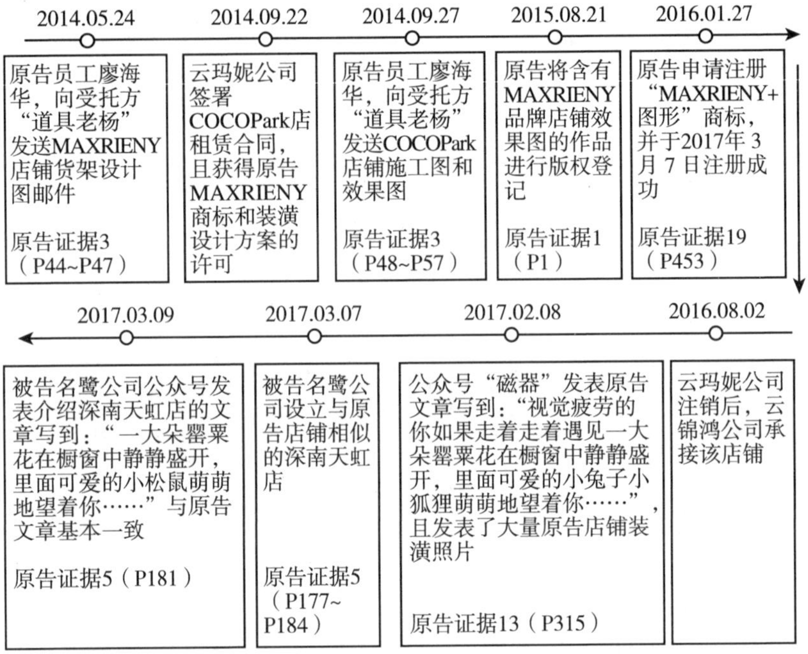

图3　原告取得在先权利时间轴

裁判要旨及结果

（一）裁判要旨

本案的难点在于店铺装潢是否应受到著作权法的保护，换句话说即店铺装潢是否构成著作权法意义上的作品及作品的类型，其与不正当竞争法中“特有的店铺装潢”间的界限应该如何划分。

为此法院总结的案件争议焦点为：（1）原告对“MAXRIENY 奇幻城堡店铺形象”是否享有著作权；（2）被告名鹭公司使用的店铺形象是否侵犯了原告的著作权；（3）被告名鹭公司的行为是否构成不正当竞争；（4）被告天虹公司与被告名鹭公司是否构成共同侵权；（5）赔偿数额如何认定。

律师团队根据以上争议焦点从以下方面进行论述：

1. 原告就“MAXRIENY 奇幻城堡店铺形象”美术作品、多款产品设计图和施工工程设计图等图形作品享有著作权。

原告将含有“MAXRIENY”品牌店铺的设计效果图的作品向国家版权局进行了登记，并且相关邮件证据中显示该店铺形象设计的效果图、施工图等证明原告独立创作的过程。而这些通过电脑绘制的方式，对店铺招牌、橱窗内砖墙、试衣间、灯具、店铺货架等搭配相应的色彩、形状、花纹和图案，以及设计具体的摆放方式和位置，使得前述效果图呈现具有美感的奇幻城堡艺术形象，其所展示的艺术美感并不逊色于该类主题的普通画作，依据《著作权法实施条例》第4条第8项的规定，前述效果图均属于著作权法意义上的美术作品。

2. 被告方擅自使用原告特有的店铺装潢，构成不正当竞争。

(1)原被告双方属于服装行业，存在同业竞争关系。

(2)原告享有多项在先权利，原告就“MAXRIENY奇幻城堡店铺形象”除了享有美术作品、多款产品设计图和施工工程设计图等图形作品享有著作权外，还对其独特的创意组合享有特有的店铺装潢权。

例如，其特有的独立设计要素为：灰色残缺砖墙；壁纸是复古红花鸟纹，门口是顶部为半圆、下方为长方形的形状，门帘是紫红色的试衣间；铁艺吊架；屏风；吊挂灯箱；带logo的LED发光灯箱；雕花衣柜。

其独特的创意组合有：组合1：灰墙、logo灯箱、椅子；组合2：灰墙、仿真草坪、枯木；组合3：沙发、窗幔、木桌；组合4：方形木桌、复古相框、泛黄书(卷)、干花、蜡烛；组合5：木桌、绿植、小动物；组合6：半圆弧度木桌、复古相框、首饰摆台、蜡烛、泛黄书(卷)。

原告独特的上述自主设计产品以及创意组合，结合原告通过淘宝网采购的装饰品，一起形成了MAXRIENY品牌店铺的特有装潢。

(3)原告具有很高的知名度，被告系恶意进行不正当竞争。

①文案抄袭。被告一于2017年3月9日发表在其微信公众号标题为《美出新境界，ALSCANA首家直营店，落地深南天虹DISCOVERY店》中介绍：“3月7日，ALSCANA首家直营店，在众多来宾和工作人员的庆贺下，盛大开幕”；并使用与原告原创文章表述一致的“一大朵罂粟花在橱窗中静静盛开，里面可爱的小松鼠萌萌地望着你”。

②标识近似。被告一虽然自己已经注册了“ALSCANA”商标，但被告ALSCANA品牌深南天虹店铺在经营中大量实际使用的却是未注册的“ALSCANA + 图形”商标，该商标中的图形与原告注册并使用的、第25类第

19007163号的“MAXRIENY + 图形”商标的图形完全一致。这样的情况,也不能以巧合来解释,再次证明了被告的恶意。

③距离极近。被告ALSCANA品牌深南天虹店铺离原告的多个店铺的空间距离均非常接近。以原告的知名度,在这么近的距离内,被告一作为同行,不可能不知道原告的存在及其店铺装潢。

(4)被告方的店铺装潢与原告的近似,极易造成消费者的混淆。

除了被告实际使用的商标中的图形部分与原告完全一致之外,被告ALSCANA品牌深南天虹店铺的装潢,与原告MAXRIENY品牌实际经营店铺构成实质性相似,且原告具有较高的知名度及美誉度,极易造成相关公众混淆。

(二)裁判结果

最终法院认定被告一使用的店铺形象侵犯了原告享有的著作权,且构成不正当竞争行为,并判处被告名鹭公司停止侵权并赔偿原告云创公司经济损失及为制止侵权行为所支出的合理维权费用,而后被告并未上诉且积极履行一审生效判决。

律师评析

(一)典型意义

店铺装潢权利保护的法律依据主要是《反不正当竞争法》第6条第1项关于“擅自使用与他人有一定影响的商品名称、包装、装潢等相同或者近似的标识”以及《最高人民法院关于审理不正当竞争民事案件应用法律若干问题的解释》第3条关于“由经营者营业场所的装饰、营业用具的式样、营业人员的服饰等构成的具有独特风格的整体营业形象,可以认定为反不正当竞争法第五条第(二)项规定的‘装潢’”的规定。

本案中,由于原告对于店铺形象已办理著作权登记,因此审理中法院仍肯定了由灰墙、吊挂灯箱、屏风、雕花衣柜等道具组合形成的整体形象设计属于著作权法意义上的美术作品,并通过对原、被告的道具排列组合进行拆分比对,确认双方存在直观可见的多处相似,结合原、被告为同一地域的同业竞争者,存在接触可能性这一事实,认定被告的行为已构成对原告著作权的侵害。

而在是否构成不正当竞争的问题上,法院仍然采用了从品牌知名度推定装潢知名度的思路,在已认定被告侵害了原告著作权的基础上,从同业竞争、混淆可能性、主观恶意等方面综合分析,最终认定被告的行为已构成不正当竞争,较好地维护了当事人的权利。

（二）法律评析

装潢类商业外观是指营业场所的整体外观形象、设计和商业风格。如上所述，2007年《最高人民法院关于审理不正当竞争民事案件应用法律若干问题的解释》已经将“装潢”扩大到了营业场所的装饰、营业用具的式样、营业人员的服饰等构成的具有独特风格的整体营业形象。该解释明确了有关装潢类商业外观纠纷可以落入《反不正当竞争法》的规制范围。

具体而言，装潢类商业外观获得《反不正当竞争法》保护的要件需要符合以下三个标准：首先，要考虑该装潢是否具有显著性。显著性，是指店铺设计者对装潢元素的选取、组合设计和搭配在市场中可以被评价为形成了独特的风格，构成了显著的整体营业形象。对于该标准而言，学术界有学者强调要加强对装潢类商业外观中实用功能性和美学功能性的区分，以免具有功能性的商业外观落入保护范围，造成不必要的垄断。其次，需考察该装潢效果是否具有一定影响。在判断装潢类商业外观是否具有“一定影响”时，应当综合考虑该装潢持续使用的时间跨度、地域范围和受众群体等因素，对该标准进行动态评估。最后，需衡量待对比的近似装潢是否足以造成消费者的混淆。如果他人在主观上具有使相关公众在识别店铺装潢时产生误认的故意，且客观上不当攫取了本应属于装潢原创者基于现有装潢所应享有的市场关注和商业机会，隔断了该装潢与原创者的联系，则可以认定为是攀附他人声誉的“搭便车”行为。

律师简介

王承恩律师，西南政法大学法学学士、中山大学民商法硕士。原创维集团知识产权负责人，现任盈科律师事务所第四届全国知识产权法律专业委员会主任，北京市盈科（深圳）律师事务所第四届管委会委员、知识产权法律事务部主任、高级合伙人。入选工信部工业和信息化领域知识产权专家库、深圳市市场监督管理局知识产权专业委员会专家、长沙市知识产权局维权援助专家库专家、中南财经政法大学知识产权研究中心兼职研究员。

崔利楠律师，北京市盈科（深圳）律师事务所合伙人律师，深圳大学知识产权法学硕士。具有坚实的知识产权专业学习和实践经验，擅长企业知识产权保护及相关知识产权法律事务的处理，荣获盈科全国2020年度“优秀律师”称号。

巧用专利两原则，避免十亿项目停产

——英德市鸿泰玻璃有限公司与虞某实用新型专利权纠纷案*

闫东伟

所获荣誉

南京市律师协会“2018年科技企业知识产权风险典型案例”。

案情简介

原告虞某是ZL200920298845.8、“变频输送石油焦粉的燃烧系统”实用新型专利的专利权人。原告将上述专利许可其投资的中山市名鼎科技节能有限公司来实施。2010年11月9日，被告英德市鸿泰玻璃有限公司（以下简称鸿泰玻璃公司）与中山市名鼎科技节能有限公司签订合同书，约定由中山市名鼎科技节能有限公司为其建立石油焦料燃烧系统一套，合同价款为564万元。合同履行过程中，中山市名鼎科技节能有限公司利用涉案专利为被告建立该套系统，效果良好。后原告认为被告仿制该系统用在其另一条生产线上，被告以营利为目的，未经许可使用原告的专利，侵犯原告的专利权，被告应立即停止侵权，拆除、销毁侵权系统，并赔偿原告的损失。因为被告与中山市名鼎科技节能有限公司的合同约定，被告若擅自转让相关技术或泄密，则应按合同总金额的20%即112.8万元支付违约金，该系统的合理利润也高于20%，故原告认为，对于被告侵犯原告专利权的行为，应参照合同违约金数额，赔偿原告100万元的损失。为此，原告向广州知识产权法院（以下简称一审法院）起诉，一审法院判决鸿泰玻璃公司停止侵权并承担500000元的赔偿责任。闫东伟律师接受鸿泰玻璃

---

* 广东省高级人民法院(2017)粤民终1690号。

公司的委托提起上诉，以禁止反悔原则和等同原则进行不侵权抗辩，最终二审法院撤销了一审判决，并驳回了原告的全部诉讼请求。

办案策略及律师工作

本案中，闫东伟律师代理上诉人、原审被告鸿泰玻璃公司。

闫东伟律师在接手本案后，面临的是涉案专利仅被部分无效、一审败诉的不利局面。一旦本案二审维持原判，那么鸿泰玻璃公司就要承担停止侵权并赔偿损失的责任，其中停止侵权对于鸿泰玻璃公司而言是致命的，这意味着其不能再制造、使用相应产品，已有的生产线及设备将白白浪费，商业计划也将被打乱，鸿泰玻璃公司年产值十亿元的项目也将面临停产。因此，对于鸿泰玻璃公司而言，这是一场不能输的战役。闫东伟律师接受委托后，以维护当事人利益为己任，力图扭转不利局面。在对涉案专利和被控侵权产品进行深入研究后，发现被控侵权产品中回粉气动阀和对烧管气动阀的通道不是菱形的，而涉案专利权利要求中则记载“回粉气动阀和对烧管气动阀所在的通道呈菱形”。并且，在仔细分析了涉案专利的《无效宣告请求审查决定书》及《无效宣告口头审理记录表》之后，发现专利权人虞某在无效宣告口头审理过程中认为回粉气动阀和对烧管气动阀的通道设置为菱形具备创造性，且专利复审委员会也因此认定相应权利要求具备创造性。根据禁止反悔原则，由于在《无效宣告请求审查决定书》及《无效宣告口头审理记录表》中认定了回粉气动阀和对烧管气动阀的通道设置为菱形具备创造性，并且被控侵权产品采用单圆管通道设置（非菱形），无法实现涉案专利“可以使每个阀都可以旁通而又互为备用，流化气粉的流动性且不受影响”的功能，因此在专利侵权诉讼中不能将被控侵权产品的“回粉气动阀和对烧管气动阀采用单圆管通道”和“回粉气动阀和对烧管气动阀所在的通道呈菱形”认定为等同技术特征。因此，闫东伟律师代理鸿泰玻璃公司提起了上诉，以被控侵权产品中存在与涉案专利既不相同、也不等同的技术特征为由进行不侵权抗辩，最终二审法院撤销了一审判决，驳回了虞某的全部诉讼请求。本案中，闫东伟律师顶住了巨大压力，面对不利局面仍然沉着应对，最终实现了反转，也获得了当事人的高度信任与赞誉。

裁判要旨及结果

1. 一审裁判要旨及结果：

一审法院认为，被诉侵权产品所实施的技术方案与涉案专利权利要求2、权利要求3中引用权利要求2的技术方案、权利要求4～7记载的全部技术特征一致，故其落入涉案专利权利要求2、权利要求3中引用权利要求2的技术方案、权利要求4～7的保护范围。同时，虞某是名称为“变频输送石油焦粉的燃烧系统”实用新型专利的专利权人，该专利至今合法有效，应受法律保护。

一审判决：鸿泰玻璃公司于判决发生法律效力之日起立即停止制造、使用侵害虞某名称为“变频输送石油焦粉的燃烧系统”实用新型专利权的产品，拆除、销毁侵权产品；并于判决发生法律效力之日起十日内赔偿虞某经济损失及维权合理费用共计人民币500000元。

2. 二审裁判要旨及结果：

二审当事人争议的焦点是：被诉侵权技术方案是否落入涉案专利权的保护范围。最终，因被诉侵权技术方案缺少权利要求记载的一个以上的技术特征，法院依法认定被诉侵权技术方案未落入涉案专利的保护范围，因此，虞某关于鸿泰玻璃公司侵害其实用新型专利权，应承担停止侵权并赔偿经济损失等民事责任的诉讼请求缺乏事实和法律依据，应予驳回。

二审判决：撤销广州知识产权法院(2016)粤73民初59号(一审)民事判决；驳回虞某的全部诉讼请求。

律师评析

(一)典型意义

一审的判决结果对我方当事人是极其不利的，特别是停止制造、使用侵权产品对于我方当事人而言是损失巨大的，年产值近十亿元的项目有停工风险。闫东伟律师对被诉侵权技术方案是否落入涉案专利权的保护范围进行了细致分析，从被诉侵权技术方案的回粉气动阀和对烧管气动阀的通道设置是否为菱形，是否与涉案专利的权利要求2所述的“回粉气动阀和对烧管气动阀的通道呈菱形”的技术特征相同或等同入手，成功扭转一审的不利局面。本案对于专利侵权诉讼中如何利用禁止反悔原则和等同原则来进行不侵权抗辩具有借鉴意义。

(二)法律评析

最高人民法院2009年出台的《关于审理侵犯专利权纠纷案件应用法律若干问题的

解释》对禁止反悔原则进行了明确的规定："专利申请人、专利权人在专利授权或者无效宣告程序中，通过对权利要求、说明书的修改或者意见陈述而放弃的技术方案，权利人在侵犯专利权纠纷案件中又将其纳入专利权保护范围的，人民法院不予支持。"

禁止反悔原则的法理基础来源于民法的诚实信用原则，旨在防止专利权人两头得利，即专利权人在授权或确权程序中通过修改或意见陈述对专利权保护范围进行了限制，而在侵权诉讼程序中又不加限制地将其专利权保护范围进行扩大。禁止反悔原则的适用，维护了第三人信赖利益与专利权人利益的平衡。

律师简介

闫东伟律师，南京市律协信息网络与高新技术委员会副主任，盈科全国信息网络与高新技术委员会主任，盈科南京律师事务所股权高级合伙人、律师、专利代理师，盈科南京律师事务所合伙人管理委员会副主任、知识产权与互联网法律事务部主任、青年律师工作委员会主任。南京市律协知识产权法律委员会委员、江苏省律协交通运输法律委员会委员、江苏省律协专业律师人才库成员（知识产权）、江苏省版权协会中心调解员、泰州学院特聘教授（知识产权）、麦田知识产权团队创始合伙人。

“海外客户”等特殊类经营信息商业秘密侵权认定标准

——济南华重机械设备有限公司诉焦某侵害商业秘密案*

王召猛

所获荣誉

2019年济南市律师协会十大知识产权案例。

案情简介

被告焦某自2012年5月来原告公司工作，工作期间负责维护客户，被告于2013年5月从原告处不辞而别，带走移动硬盘等重要数据资料，被告离职后加入山东集鑫汽车销售有限公司（以下简称集鑫销售公司），该公司系与原告同行竞争对手，被告进入该公司后与其在原告公司获取信息的客户逐一联系，并与多个客户形成订单，根据双方签订的保密协议合同，请求法院判决被告停止侵权并赔偿经济损失及合理开支共计30万元。

一审审理过程中被告辩称：1. 原告主张的客户名单不构成法律意义上的商业秘密，2. 被告焦某不存在任何侵害原告权益的行为，被告从未见过原告的“客户名单”，3. 原告提供的《保密协议》中违约金的约定违反法律的禁止性规定，该约定是无效的，原告无权要求支付违约金，4. 原告所称的侵权损失计算有问题，缺乏事实和证据。

一审判决后，原告上诉称：焦某所在单位集鑫销售公司与Ichiban公司进行32台汽车的交易，交易总额400多万元，一审判决焦某赔偿经济损失20万元明显过低；一审判决对焦某以山东中曼海汽车销售有限公司名义实施的侵害商业秘密的事实未予认定，属于认定事实错误。

---

* 山东省济南市中级人民法院（2019）鲁01民终2546号。

被告上诉称：一审判决认定Ichiban公司系华重公司客户，属于认定事实错误；一审判决认定焦某具有侵害商业秘密的行为，证据不足；焦某并不属于经营者，一审判决适用法律错误；华重公司提交的证据存在明显瑕疵，不应作为定案依据；一审判决酌定焦某承担20万元赔偿责任，缺乏依据。

办案策略及律师工作

当前，侵害商业秘密纠纷是知识产权诉讼领域难度较大的一类案件，秘密点难以主张、侵权证据难以获取，原告代理人在处理起来一般都比较棘手。

本案涉及的商业秘密为经营性秘密中的特殊客户信息，且该客户为国外客户，取证方式困难，接受委托后，原告代理人在上百封英文邮件中查找原告与客户之间的邮件，寻找原告最早与客户联系的证据、被告焦某接触客户的证据，代理人组织团队成员梳理、翻译上述证据以及原告与客户之间签订的合同，找出本案的秘密点。因原告只准备了一份被告所在公司与客户签订的合同，为充分证明侵权事实的存在，代理人又多次走访咨询海关、商检、税务、报关行等部门，查询到被告在济南海关曾为客户开具多份原产地证明，后向法院申请调取该证据，取得多份被告所在公司与客户签订的合同、原产地证明，为证明侵权事实的存在打下坚实基础。

法院裁判及结果

一审法院认为菲律宾Ichiban公司是原告公司的客户，原告与Ichiban公司合作期间，知悉了该公司的名称、地址、联系方式以及交易的习惯、意向、内容等信息，该信息系不为相关公众所知悉特殊客户信息，应属于原告公司的商业秘密。被告焦某在原告工作期间，负责与Ichiban公司在内的多家公司沟通业务、开发客户关系，知晓Ichiban公司的业务构成情况、商业需求、沟通渠道、产品偏好等信息，其离职后并未遵守与原告的保密协议，进入与原告经营类别交叉的集鑫销售公司工作，2017年集鑫销售公司与Ichiban公司签订多份出口合同，销售的产品与原告前期出售产品类别基本一致，被告并未提供证据证明系客户自愿选择与新单位进行市场交易，也没有提出证据证明集鑫销售公司对Ichiban公司的客户名单等，推定被告焦某侵害了原告的商业秘密。

一审法院判决，一、被告焦某赔偿原告济南华重机械设备有限公司经济损失

20万元，于本判决生效之日起十日内履行；

二、驳回原告济南华重机械设备有限公司的其他诉讼请求。

二审法院认为焦某在本职工作中实际代行的是经营者的职责，其与经营者应视为统一整体。焦某认为其并非经营者，不符合侵害商业秘密行为主体身份的上诉理由，本院不予支持。综合焦某自华重公司离职后Ichiban公司即与华重公司中断合作、Ichiban公司与集鑫销售公司进行业务合作和焦某不能提供集鑫销售公司获知Ichiban公司信息的合法来源等事实和情节，本院认为，焦某侵害华重公司涉案商业秘密的事实具有高度可能性，足以认定。

二审法院判决：驳回上诉，维持原判。

律师评析

（一）典型意义

当前企业员工流动带走客户名单已成为企业商业秘密流失的重要渠道，企业若不采取合理措施保护客户名单，当发生侵害商业秘密纠纷时，秘密点难以主张、侵权证据难以获取，从而导致维权难的局面。

本案客户为"海外客户"，取证较一般的客户名单更难，通过前期梳理、翻译大量原告与海外客户之间签订的合同，找出本案的秘密点，又多次走访咨询海关、商检、税务、报关行等部门，查证被告的侵权事实，为案件的胜诉打下了坚实的基础。

本案还具有一定前瞻性，突破违法主体分歧点，本案适用1993年旧版《反不正当竞争法》，对侵犯商业秘密的主体仅做了经营者这一限定，因此焦某认为其不属于经营者，不符合侵害商业秘密的主体，原告代理人多次与主审法官沟通，阐明焦某与其所在公司属于共同侵权，其与经营者应视为统一的整体，对侵害商业秘密行为承担法律责任。

（二）法律评析

近年来，随着我国的经济发展和科技进步，商业秘密作为知识产权保护体系中的一环，在企业的经营和市场竞争中发挥着重要的作用，然而激烈残酷的竞争、频繁的人才流动，又给企业的商业秘密带来各种各样的风险。据统计，检索近五年公开的裁判文书，以判决结案的商业秘密侵权案件全国法院每年平均不足100件，且原告胜诉的不足三成，如何准确理解和适用法律，为企业的商业秘密提供强有力的司法保护，是目前知识产权审判工作中较为重要的问题。

商业秘密案件在知识产权审判中有其独特的判断思路和司法判断规则，法院在审理此类案件中，商业秘密构成要件；举证责任分配；抗辩事由认定等问题亦存在不同观点。2020年，我国公布多份有关商业秘密和知识产权保护的司法解释，对于商业秘密案件的司法实践中存在的法律依据不够明确、不够周延、不够严谨之处进行了补充和解释，进而加强了对商业秘密权利人的保护。但与此同时，新法之下法院的自由裁量空间也更大，如何正确理解和适用新法，仍需在具体案件中进一步研究分析。

律师简介

王召猛律师，济南市律师协会知识产权专业委员会委员，北京市盈科(济南)律师事务所律师。

如何争取专利侵权案件法定赔偿最大化保护

——图们惠人电子有限公司诉北京京东叁佰陆拾度电子商务有限公司、南京爱家乐电器有限公司发明专利权纠纷案*

赵成伟

所获荣誉

2018～2019年度中国知识产权诉讼代理机构专利民事榜代表案例。

案情简介

专利权人金某为韩国惠人株式会社的社长，韩国惠人株式会社成立于1974年，是一家专门研发、生产多功能料理机、食品加工及原汁机的企业。惠人原汁机目前由四家工厂生产，年总产量达820万台，韩国惠人株式会社为行业内最大的原汁机企业。韩国惠人株式会社研发的利用石磨原理的低速榨汁技术，解决了传统的榨汁机的锋利的刀片高速旋转过程中产生的热量导致的氧化营养损失，改变破坏原味原营养的弊端，用低速的方式榨汁，不给水果和蔬菜任何冲击和摩擦，保持原汁原味原营养；该技术直接促进了榨汁机行业的更新换代，使得低速研磨的原汁机取代了原先高速旋转的榨汁机，得到了广大消费者的认同。专利权人金某将低速研磨榨汁技术申请了国际专利，在世界十几个国家和地区皆取得了授权。惠人原汁机自2010年进入中国以来，迅速得到了广大消费者的认同，但同时整个榨汁机行业基本上都采用了惠人的低速研磨榨汁技术，大部分侵权企业与惠人的技术完全相同；侵权产品大部分价格低廉，惠人原汁机销售价格基本上在2000～8000元，侵权产品基本上是几百元的价

---

* 北京市高级人民法院(2018)京民终556号判决书。

格，侵权产品的销售量远远大于专利权人的销售量；侵权企业至少有几十家，其中不乏海尔、澳柯玛、SKG、天际电器、奥克斯等家电企业的知名品牌，侵权行为给专利权人的经营造成了极大的影响。

本案被告南京爱家乐电器有限公司作为众多侵权厂家中的一员，专利权人授权本案原告图们惠人电子有限公司对其发起发明专利权侵权诉讼，起诉停止制造、销售侵权产品并赔偿损失100万元以及合理开支3万元。

办案策略及律师工作

（一）侵权证据的固定及诉讼管辖地的选择

专利侵权案件一般需要权利人自行固定证据，侵权案件固定证据是该类案件的重点和要点，在实践中往往通过公证的方式，如有特殊情况无法取证，也可以申请法院调查取证。取证要考虑的因素很多，但核心基本上是在不引起侵权方察觉的前提下，通过公证购买、网页公证、展会公证等方式取得被控侵权产品及相关资料等。

专利侵权案件中的公证取证一般可分为网上公证和现场公证两类。网上公证一般又可分为网上公证购买和网页公证，网上公证购买为专利侵权案件中最常见的取证方式，网上公证购买一般包括网上购买阶段的公证和收货时的公证；网页公证主要包括对侵权方网站的公证、销售渠道的公证、销售数量的公证等。现场公证主要包括现场购买公证、展会公证、现场查看的公证等。现场购买公证主要是对购买过程的公证，包括购买过程中取得的相关材料以及侵权产品的封存；展会公证主要对参展过程中取得的相关材料进行公证，并对参展的侵权产品通过拍照等方式进行公证；现场查看的公证主要是侵权产品在第三方的情况时进行初步取证，以方便申请法院调查取证。

本案中，因涉案产品原汁机为小家电产品，侵权方基本上都开设有网店，经过综合考虑后决定采取在京东商城等网络电商平台上以公证购买的方式固定证据，采取本取证方案具有如下优势：一方面取证便捷、成本较低；另一方面证据链条完整、诉讼中电商平台一般会提供完整的涉案产品来源的材料，包括3C证书、商标授权书、店铺经营者信息等材料；最后，通过在电商平台上购买，可以选择诉讼地在电商平台所在地，本案选择在了北京知识产权法院，避开了到生产者所在地起诉，以避免可能存在地方保护的诉讼风险以及追求诉讼合法利益最大化。

（二）诉讼请求的确定以及理由

在专门的知识产权法院成立之前，中国的专利案件一般判赔数额都非常低，据不完全统计平均获赔数额在 8 万元左右。本案中，通过跟客户的协商，鉴于侵权的严重性，以及所固定的证据情况，为了最大限度地震慑侵权者，本案件诉讼请求主张了法定赔偿 100 万元的顶格赔偿。

本案中主张法定赔偿的方式，根据《专利法》第 65 条第 2 款的规定：权利人的损失、侵权人获得的利益和专利许可使用费均难以确定的，人民法院可以根据专利权的类型、侵权行为的性质和情节等因素，确定给予一万元以上一百万元以下的赔偿。在专利侵权案件中，权利人的损失和侵权人获得的利益往往难以计算和衡量，因大部分权利人的专利技术都属于自己使用，专利许可使用费一般也不存在，在诉讼实践中一般都采取主张法定赔偿的方式；但是专利法对法定赔偿需要考虑哪些因素，并没有做详尽的规定，例如在《专利法》中只规定了：人民法院可以根据专利权的类型、侵权行为的性质和情节等因素，确定给予一万元以上一百万元以下的赔偿；由于缺乏具体详细的规定，导致专利侵权案件的判赔额度差异很大，并且说理性不强，尤其各地人民法院判赔差距之大令人咂舌，给人造成了法定赔偿就是法官拍脑门的印象而且感觉有地方保护的影子，其中北上广深法院判赔力度相对较地方法院高一些。

为了获得更高的法定赔偿以更好地保护权利人的利益并打击侵权人肆无忌惮的侵权，本诉讼代理人把在法定赔偿案件中可能会考虑的因素总结如下：

1. 专利权的类型和市场价值

《专利法》中规定了法定赔偿需要根据专利的类型，狭义理解的是，专利类型分为发明专利、实用新型专利和外观设计专利，即发明专利判赔额度高、实用新型次之、外观设计最低；但本诉讼代理人认为本条的立法本意是考虑技术的创新性和市场价值，即创新性越高，市场价值越大，获得的赔偿就应该越高，在办理案件的过程中，如果代理原告，我方往往提供能够证明创新性和市场价值的证据。创新性的证据主要包括：现有的背景技术、国际检索报告及书面意见、同族专利的检索报告及审查意见和授权情况、专利产品与现有背景技术产品的性能检测对比等；市场价值的证据主要包括：专利产品与现有背景技术产品的售价差异、专利产品的销量、专利产品的市场认可度以及涉案专利被侵权的情形。笔者认为如果通过提交证据证明涉案专利的创新性和市场价值，理应获得更高的赔偿。

2. 侵权行为的性质和情节

侵权行为的性质和情节至少要考虑如下因素：

(1)侵权行为类型，根据《专利法》第11条的规定，发明和实用新型专利权被授予后，除本法另有规定的以外，任何单位或者个人未经专利权人许可，都不得实施其专利，即不得为生产经营目的制造、使用、许诺销售、销售、进口其专利产品，或者使用其专利方法以及使用、许诺销售、销售、进口依照该专利方法直接获得的产品。

外观设计专利权被授予后，任何单位或者个人未经专利权人许可，都不得实施其专利，即不得为生产经营目的制造、许诺销售、销售、进口其外观设计专利产品。

法定赔偿中会充分考虑侵权行为的类型，制造、销售、许诺销售或使用，其中制造作为其他侵权行为的源头，理应获得更高的赔偿。

(2)侵权行为的规模，主要包括侵权者的实际经营规模、侵权时间的长短、销售规模以及销售数量等，实际经营规模越大、侵权时间越长、销售规模越广、销售数量越多，给权利人造成的损失就越大，就应当获得更高的赔偿。

(3)侵权行为的主观恶意，如果权利人之前向侵权者发送过律师函或者侵权者在接到起诉状后仍然销售的，应当视为侵权者是明知的状态，如果侵权者明知侵权还继续实施侵权行为，应当获得更高的赔偿。

(4)涉案专利对侵权产品的价值，如果涉案专利为基础专利、侵权产品整体侵权，那么在法定赔偿时应当获得较高的赔偿。

在专利侵权案件中，即使原告主张法定赔偿，也要按照上述的论述积极举证，以便获得更高额的赔偿；根据《最高人民法院关于审理侵犯专利权纠纷案件应用法律若干问题的解释(二)》第27条的规定，权利人因被侵权所受到的实际损失难以确定的，人民法院应当依照《专利法》第65条第1款的规定，要求权利人对侵权人因侵权所获得的利益进行举证；在权利人已经提供侵权人所获利益的初步证据，而与专利侵权行为相关的账簿、资料主要由侵权人掌握的情况下，人民法院可以责令侵权人提供该账簿、资料；侵权人无正当理由拒不提供或者提供虚假的账簿、资料的，人民法院可以根据权利人的主张和提供的证据认定侵权人因侵权所获得的利益。权利人可以申请法院责令侵权人账簿、资料等，以便获得更高的赔偿额。

法院裁判及结果

北京知识产权法院(2017)京73民初79号本案一审判决认为:

1. 根据《专利法》第11条第1款的规定,发明专利权被授予后,任何单位和个人未经专利权人的许可,都不得实施其专利,即不得为生产经营目的的制造、使用、许诺销售、销售、进口其专利产品,本案涉案专利为有效专利,依法应当受到保护。

2. 涉案专利权人金某已授权图们惠人电子有限公司在中国(不含港、澳、台地区)范围内独占使用涉案专利并以图们惠人电子有限公司名义进行专利维权,因此,图们惠人电子有限公司有权以自己的名义起诉要求侵权者停止侵害,赔偿损失。

3.《专利法》第65条第2款规定,权利人的损失、侵权人获得的利益和专利许可使用费均难以确定的,人民法院可以根据专利法的类型、侵权行为的性质和情节等因素,确定给予1万元以上100万元以下的赔偿。具体到本案,第一,涉案专利的类型为发明专利,与其申请日前的现有技术相比具有突出的实质性特点和显著的进步,这一点在法院依法酌定侵权赔偿数额时亦应有显著的体现;第二,涉案专利产品和涉案产品相对于以高速压榨、离心分离为特点的传统榨汁机产品在性能上有较为明显的提升,消费者好评率较高,对于市场上该类产品的升级换代有较为明显的影响;第三,涉案产品亦曾在其他网络平台销售。

法院一审判决:被告南京爱家乐电器有限公司停止侵犯专利号为200780001269.X,名称为"榨汁机"的发明专利权的行为;赔偿原告损失70万元以及为制止侵权行为所支付的合理开支23661.50元。

北京市高级人民法院(2018)京民终556号判决书二审判决:维持一审判决。

律师评析

(一)典型意义

侵权判赔力度不大甚至不痛不痒,导致了一直以来存在流传很广的权利人赢了官司赔了钱的状态,因此侵权人以往也总是认为侵权无伤大雅,即使判赔也不会伤筋动骨,故而侵权愈演愈烈,"李鬼"根本不惧"李逵"比比皆是。韩国惠人公司深受其害,为了扭转此长期的被动局面，韩国惠人公司通过不懈努力聘请专业律师团队进行系列专利维权，对侵权方予以了沉重的打击，让侵权人为侵权付出极大的代价，并且对于侵权露头就打，不给其死灰复燃以及喘息的机会，至此，整个原汁机行业为之震撼尤其是对于法院判赔力度之大为之震惊，惠人系列专利维权案皆取得全面胜利，本案作为专利侵权维权系列诉讼中的个案，管中窥豹，可见一斑。

通过系列的对专利侵权维权打击行为，韩国惠人株式会社知名度大大提高，同时其产品的市场占有率得到了极大的提高，也为通过法律手段极大维护自身权益树立正面的形象，巩固和维护了其原汁机界领跑者的位置，本案可以作为专利系列维权案的典范，为今后专利维权案件有一定的借鉴意义。

（二）法律评析

知识产权侵权判赔力度不大很大的原因是举证不力，导致法院在认定侵权事实成立，但无法根据权利人的举证获得权利人的损失以及侵权人的获利等，致使法院无法判处高额赔偿，虽然打击侵权呼声非常高，但落实到实际判决中很难认定一些所主张的事实，甚至存在代理人在侵权案件中对所主张的赔偿只是一句话，请求法院酌定赔偿，而法院也是"巧妇难为无米之炊"，所以代理人应在该方面的主张及举证上多下功夫，可以借鉴本案关于如何争取专利侵权案件法定赔偿最大化保护的思路，只有真正把侵权人打痛了，才能以儆效尤，达到保护权利人的利益，从而实现知识产权律师应有的价值。

律师简介

王柱律师，2008 年起加入北京市盈科律师事务所就职于知识产权部，现为律师、专利代理师，擅长知识产权诉讼及非诉，业务范围包括专利业务、商标业务、版权业务、商业秘密及知识产权特许经营、知识产权战略制定、法律顾问等多个领域。

赵成伟律师，中北大学工学学士、美国天普大学法学硕士。合伙人律师，专利代理师。曾多年担任北京市盈科律师事务所知识产权部主任；盈科律师事务所首届全国知识产权法律专业委员会主任；盈科律师事务所首届全国专利法律专业委员会主任。擅长各类知识产权诉讼及非诉案件的处理，业务范围包括专利、商标、版权、商业秘密以及知识产权特许经营（加盟连锁）、企业知识产权战略制定等多个领域。

等同侵权原则在专利侵权判定中的适用

——中山市派洛照明科技有限公司、长沙银湖灯饰有限公司侵害发明专利权纠纷案*

陈　晨　王欣桐

所获荣誉

知产宝(IPHOUSE)、知产力与 IPR daily 2018～2019 年度中国知识产权诉讼代理机构专利民事榜代表案例。

案情简介

原告宁海双美电子有限公司(以下简称双美公司)于 2014 年 4 月 26 日向国家知识产权局申请了名为"一种电子仿真蜡烛的烛焰片摇曳装置"的发明专利,并于 2017 年 1 月 18 日被授予专利权。

2017 年 5 月 15 日,因被告湖南铭洋国际贸易有限公司(以下简称铭洋公司)发送邮件时误抄送给原告,原告始发现被告的侵权行为。2017 年 7 月 28 日,中山市知识产权局在另一被告中山市派洛照明科技有限公司(以下简称派洛公司)查处侵权产品。2017 年 8 月 2 日,深圳市海关经原告申请,查扣了被诉大量侵权产品。原告遂向广州知识产权法院起诉。

在此期间,被告于 2017 年 8 月 14 日向国家知识产权局专利复审委员会申请宣告原告的专利无效,经专利复审委员会审查,认为涉案专利具有突出的实质性特点和显著进步,维持原告的专利有效。本案经广州知识产权法院一审、广东省高级人民法院终审判决被告向原告赔偿共计 500000 元经济损失和

---

* 广州知识产权法院(2017)粤 73 民初 2667 号;广东省高级人民法院(2018)粤民终 1890 号。

70000 元合理费用。

办案策略及律师工作

就本案的办案策略而言，本案当中专利只有一个权利要求。权利要求一所限定的技术特征过多导致保护范围过小，因此作为被告而言，很容易通过修改技术特征的方法来使被控侵权产品绕开专利的保护，本案中代理人通过主张等同的原则来认定侵权，尤其是主张相关技术特征所起到的技术效果基本相同，并在法庭上进行现场演示来体现技术效果相同的特征，从而争取了法院认定为等同侵权。

就本案侵权证据的取证而言，代理人采取了知识产权维权当中的全部取证手段，当中包括根据《知识产权海关保护条例》的规定进行取证，具体为：第一，申请采取海关查扣来保全证据的行为；第二，根据《专利法》及国家知识产权局的相关规定采取的向国家专利行政管理部门进行投诉并争取专利纠纷调处的取证模式；第三，通过法院的证据保全来固定其他证据。本案中代理人穷尽了所有的手段来进行取证，保证被告的生产和销售仓储的证据得以固定。2017 年 7 月 28 日，广东省中山市知识产权局对派洛公司进行了现场执法，并形成了现场勘验检查清单、现场勘验笔录等。2017 年 8 月 2 日，经双美公司申请，并提交了 33.7 万元的担保金后，深圳海关对长沙银湖灯饰有限公司（以下简称银湖公司）申报出口的货物中止放行，成功保全被告侵权产品。

之后，双美公司以专利侵权为由，将派洛公司、铭洋公司、银湖公司和金某莲起诉至广州知识产权法院，请求法院判令四被告停止制造、销售、许诺销售涉嫌侵犯其专利权的产品，并赔偿经济损失及合理开支 123 万余元。

其间，被告向专利复审委申请宣告涉案专利无效，陈律师作为无效案件代理人，成功维持专利权有效；该案一审法院判定侵权成立，被告不服判决提起上诉，最终，二审维持原判。

裁判要旨及结果

本案包括申请深圳海关查封扣押和中山知识产权局行政查处等大量取证工作，以及行政专利无效程序。最终经广州知识产权法院一审判决、广东省高级人民法院二审判决，且三处适用了专利侵权判定中的等同原则，认定被告侵犯了原告的发明专利权。主要涉及以下争议焦点：

（一）关于被诉侵权产品是否落入本案专利权保护范围的问题

经过对比，被诉侵权技术方案与本案专利技术特征相比主要存在以下三个争议：1. 被诉侵权产品使用的线圈是否是偏置线圈；2. 被诉侵权产品中采用的针状支点凸以及相对应的平面臼窝技术特征与本案专利采用球面支点凸以及相对凹槽状臼窝技术特征是否属于等同技术特征；3. 本案被诉侵权产品中"电路板为设有将稳定的直流电转换为非稳定的直流的电芯片电路印刷电路板"与本案专利中"电路板为设有将直流电转换为间隔直流方波脉冲输出的芯片电路印刷电路板"的技术特征是否属于等同技术特征。

（1）对于争议 1，根据涉案专利权利要求书的记载，偏置线圈偏置在烛焰片的所述永磁体的下方且与所述壳体内腔壁连接，电路板位于偏置线圈的下方且与所述壳体内腔壁连接。涉案专利"电路板位于偏置线圈的下方"的技术特征不限于二者的连接方式，被诉侵权产品的偏置线圈是直接粘接在电路板上，属上述技术方案之一。涉案专利的偏置线圈、电路板与壳体内腔壁连接，被诉侵权产品是通过将偏置线圈粘接在电路板上与壳体内腔壁连接，上述两种连接方式所实施的功能相同，效果也无明显差异，是本领域普通技术人员无须创造性劳动就能联想到的，属于等同的技术特征。

（2）对于争议 2，结合说明书可知，本案专利烛焰片的所述支点凸支撑在支架中称为窝臼的凹槽中，由于所述支点凸与所述窝臼之间是活动支撑，因此在磁场带动下，烛焰片才可以摇摆运动。本案被诉侵权产品采用的针状支点凸与平面臼窝之间也是活动支撑，以便在磁场带动时，烛焰片可以摇摆运动。因此本案被诉侵权产品采用的针状支点凸、平面窝臼的技术特征与本案专利所使用的球形支点凸以及凹槽形窝臼的技术特征相比，属于以基本相同的技术手段，实现基本相同的功能，并可以达到基本相同的效果，并且本领域普通技术人员在被诉侵权行为发生时无须经过创造性劳动就能够联想到的特征，因此二者属于等同技术特征。

（3）对于争议 3，本案双方当事人均确认被诉侵权产品与本案专利均有电路板，被告称被诉侵权产品的电路板将稳定的直流电转换成非稳定的直流电因此与本案专利技术特征不同。法院认为，根据本案权利要求并结合说明书可知，本案专利中的电路板将电池提供的直流电转换为间隔的直流方脉冲输出后，激励偏置线圈产生间隔的脉冲磁场,脉动偏置的磁场经过永磁体带动烛焰片发生间歇性的倾斜。而被诉侵权产品电路板输出的不管是脉冲还是非稳定的电流,其目的均是激励偏置线圈产生间隔的磁场,以实现烛焰片发生间歇性的倾斜。因此即便如被告所述,其电路板输入的不是直流方波脉冲,但其采用的技术手段与原告专利的技术手段属于基本相同的技术手段,且实现基本相同的功能,可以达到基本相同的效果,并且本领域普通技术人员在被诉侵权行为发生时无须经过创造性劳动就能联想到的特征,二者仍属于等同技术特征。

因此,被诉侵权产品落入涉案专利权的保护范围。

(二)被告的法律责任及赔偿数额

法院认为,派洛公司未经专利权人许可,为生产经营目的制造了被诉侵权产品,侵犯了双美公司本案专利权。银湖公司未经专利权人许可,为生产经营目的销售了被诉侵权产品,侵犯了双美公司本案专利权。

为确定赔偿数额,法院主要考虑以下因素:1. 涉案专利权的类型及其市场价值;2. 侵权行为的性质与情节,银湖公司曾购买过涉案专利产品,说明其对双美公司的专利是知情的,在此情况下,银湖公司却擅自销售侵权产品,侵权故意明显;3. 海关扣押银湖公司出口被诉侵权产品的数量 15888 套,申报价格 49842 美元,中山市知识产权局在派洛公司查处所形成的笔录记载,派洛公司承认其生产了 25000 个,销售了 20000 个,库存 5000 个;4. 双美公司为制止侵权行为而支付了律师费及差旅费等合理开支。综合考量上述因素,法院酌定派洛公司赔偿双美公司经济损失 300000 元及合理开支 40000 元,银湖公司赔偿双美公司经济损失 200000 元及合理开支 30000 元。另外,派洛公司是一人有限责任公司,其股东为金某莲应对派洛公司债务承担连带责任。被告不服判决提起上诉,最终,二审维持原判。

律师评析

(一)典型意义

随着中国对外开放的进一步加深,越来越多的技术产品开始出口到国外,在面临侵权人意图并准备向境外销售侵犯专利权的产品时,及时向海关申报并适时进行查封扣押,以及采取向地方知识产权局举报等多举措行政手段,可以有效获取大量侵权证据并防止损失的进一步扩大。另外,在专利侵权诉讼中,被告经常会提起申请专利无效宣告这样“釜底抽薪”的方式进行对抗，因此做好起诉前的专利稳定性评价至关重要，否则，可能出现侵权诉讼与专利无效的“双败”局面。

本案中的涉及专利是一项电子发明专利，其中涉及大量的电子、电路等技术问题，而侵权产品与涉案专利的技术特征并不完全相同，因此需要对是否属于等同技术特征进行认定。本案通过对涉案专利和侵权产品的相关技术问题和法律的阐述，对未来如何认定电学领域内技术特征的对比具有重要的借鉴意义。

（二）法律评析

根据《最高人民法院关于审理侵犯专利权纠纷案件应用法律若干问题的解释》第7条规定，被诉侵权技术方案包含与权利要求记载的全部技术特征相同或者等同的技术特征的，人民法院应当认定其落入专利权的保护范围。全面覆盖原则和等同侵权原则是专利侵权判定的两大重要指引。本案争议焦点中，原被告三个技术特征的对比虽然并非相同技术特征，但深入分析属于等同技术特征。因此被诉侵权产品落入涉案专利的保护范围，构成专利侵权。本案为等同侵权原则适用的典型案例，适用等同侵权原则有利于维护专利权人的合法权利。

律师简介

陈晨律师，高级合伙人律师、专利代理师，盈科第四届全国知识产权法律专业委员会副秘书长、盈科第二届全国专利法律专业委员会副主任、上海市律师协会专业委员会委员、上海大学法学院校外导师。陈晨律师具有十年专业法律服务经验，陈律师为众多客户提供诉讼与非诉服务，主要涉及知识产权布局、知识产权侵权纠纷、公司业务合规等。尤其擅长处理企业商标布局、商标维权、商标无效、复审、撤销及对应行政诉讼等各类商标纠纷。陈晨律师在2018年度被评为知识产权优秀律师。

王欣桐律师，盈科股权高级合伙人律师、专利代理师、上海市律师协会专业委员会委员。王欣桐律师是第十一届上海律协“一带一路”业务研究委员会委员，中国政法大学法学学士，香港中文大学普通法硕士，盈科高级合伙人，具有七年以上专业法律服务经验。曾于英国大律师公会交流培训并在伦敦 Three New Square 律师事务所交流实践，具有流利的英文沟通能力。王欣桐律师具有丰富的知识产权诉讼经验以及非诉经验，主要业务领域涉及知识产权法律顾问、民商事诉讼及其他非诉项目案件。

李　华

盈科律师事务所创始合伙人、盈科全国业务指导委员会主任。

李华律师作为盈科全国业务指导委员会主任，负责盈科体系内的专业化建设，带领全国执业律师，构建出完整的专业化法律服务体系，包括研究院、律师学院、专业委员会及法律服务中心，推动盈科律师专业化的法律服务，以适应法律服务市场不断细分的需要。在此基础上，李华律师通过集成各专业委员会纵深化的法律服务能力为客户提供综合性的法律服务。

曾荣获北京市优秀律师、朝阳区优秀律师、朝阳区首届优秀女律师、朝阳区优秀党员的荣誉称号。

本书主编简介

王承恩

西南政法大学法学学士、中山大学民商法硕士。现任北京市盈科律师事务所第四届全国知识产权法律专业委员会主任，北京市盈科（深圳）律师事务所第四届管委会委员，北京市盈科（深圳）律师事务所知识产权法律事务中心主任、高级合伙人。入选工信部工业和信息化领域知识产权专家库、深圳市市场监督管理局知识产权专业委员会专家、长沙市知识产权局维权援助专家库专家。

本书副主编简介

肖才元

武汉大学理学士、法律硕士。北京市盈科律师事务所全球合伙人、盈科中国区董事会副主任、北京市盈科（深圳）律师事务所管委会主任。iPad案件唯冠（vs苹果）律师团主席、主办律师，广东省第十届律师协会知识产权专业委员会副主任。从2014年至2021年连续八年被全球著名的法律评级机构钱伯斯（Chambers & Partner）评为公司及商事法律领域的“领先律师”。钱伯斯2016年专业评语为：“盈科律师事务所深圳办公室的争议解决专家肖才元律师在他的职业生涯中，积累了广泛的经验，为很多高知名度的案件提供意见。他精通一系列的争议性案件，包括合同纠纷和知识产权侵权”。

汤学丽

北京市盈科律师事务所第四届全国知识产权法律专业委员会秘书长，北京市盈科律师事务所知识产权法律事务（二）部主任，第11届北京市律师协会商标专业委员会副秘书长、第六届淄博仲裁委员会仲裁员。汤学丽律师自2004年起专门从事知识产权领域的法律服务，具有16年以上知识产权从业经验，涉及商标、著作权、反不正当竞争等领域，尤其在商标行政诉讼，商标侵权保护，商标异议、无效、答辩、复审，商标整体保护及战略管理等方面具有非常丰富的经验。

王　玮

北京盈科（上海）律师事务所监事会副主任、知识产权法律事务部主任、高级合伙人，上海市律师协会知识产权专业委员会成员。典型案例有：代理的洋河椰汁驰名商标跨类保护案件被评定为2018年度江苏十大知产案例、2018年南京法院十大案例；代理的江苏金茂应诉中国金茂提起的商标侵权及不正当竞争案件荣获2019年上海市浦东新区人民法院知识产权司法保护十佳案例；代理了很多知名企业（如小米、OPPO、华为、vivo等）在电商领域对知识产权进行了有效维权。

图书在版编目(CIP)数据

知识产权典型案例律师策略与法律分析 / 盈科律师事务所编 ; 王承恩主编. -- 北京 : 法律出版社, 2021
ISBN 978 - 7 - 5197 - 5466 - 2

Ⅰ. ①知… Ⅱ. ①盈… ②王… Ⅲ. ①知识产权法－案例－汇编－中国 Ⅳ. ①D923.405

中国版本图书馆 CIP 数据核字(2021)第 049410 号

知识产权典型案例律师策略与法律分析
ZHISHI CHANQUAN DIANXING ANLI LÜSHI CELÜE YU FALÜ FENXI

盈科律师事务所 编
王承恩 主编

策划编辑 朱海波
责任编辑 朱海波
装帧设计 汪奇峰

出版 法律出版社
总发行 中国法律图书有限公司
经销 新华书店
印刷 固安华明印业有限公司
责任校对 邢艳萍
责任印制 吕亚莉

编辑统筹 法律应用出版分社
开本 710 毫米×1000 毫米 1/16
印张 13
字数 250 千
版本 2021 年 4 月第 1 版
印次 2021 年 4 月第 1 次印刷

法律出版社/北京市丰台区莲花池西里 7 号(100073)
网址/www. lawpress. com. cn
投稿邮箱/info@ lawpress. com. cn
举报维权邮箱/jbwq@ lawpress. com. cn
销售热线/400 - 660 - 8393
咨询电话/010 - 63939796

中国法律图书有限公司/北京市丰台区莲花池西里 7 号(100073)
全国各地中法图分、子公司销售电话:
统一销售客服/400 - 660 - 8393/6393
第一法律书店/010 - 83938432/8433　西安分公司/029 - 85330678　重庆分公司/023 - 67453036
上海分公司/021 - 62071639/1636　深圳分公司/0755 - 83072995

书号:ISBN 978 - 7 - 5197 - 5466 - 2
定价:52.00 元